Cosima Bellersen Quirini

Räuchern für Genießer

Fisch, Fleisch, Gemüse, Brot, Nüsse und mehr

Ulmer

Das wird hier geräuchert

Rund ums Räuchern

Für den guten Geschmack

Aus Flüssen und Meeren

Fleisch & Co.

Gemüse, Obst, Käse, Eier und mehr

Service

Noch mehr Räuchereien …

Fürs Räuchern eignet sich vieles, nicht nur Holz.
Auch Gewürze und Kräuter geben einen guten Geschmack.

Die ganze Vielfalt des Räucherns

Räuchern? Ja! Das ist nämlich mehr als nur den Smoker-Grill anstellen, Zeugs reinlegen, mit einem Bier in der Hand einige Zeit abwarten und dann ... fertig ist der Schmaus. Auch sehr gut, klar, aber es geht auch anders. Und es geht mehr. Denken Sie nur an einen lange kalt geräucherten Schinken! Zudem genügen für gutes Räuchern im Grunde gutes Holz, Streichhölzer fürs Feueranmachen, einige Stecken oder Behältnisse für das Räuchergut und ein dicker Lappen, damit man sich nicht die Finger verbrennt! Der Schwerpunkt muss nicht auf der Technik liegen, denn Räuchern ist ein uraltes und heute noch gängiges Konservierungsverfahren, das auch ohne Hightech auskommt!

Der Rauch trocknet dabei die Oberfläche der Produkte aus, Bakterien können sich dadurch nur schwer vermehren. Und Sie können nicht nur Würste räuchern, sondern vieles mehr wie Schinken, Käse, Obst, Gemüse, Gewürze, Muscheln, Fisch, Eier, Kartoffeln, ja sogar Nüsse und Samen oder Salz. Auch Backen im Rauch funktioniert, Sie alle kennen Stockbrot aus Ihrer Kindheit, gefühlt stundenlang am Lagerfeuer gebacken. Oder wie wär's mal wieder mit geräucherten Marshmallows!

Räuchern hat aber nicht nur etwas mit Haltbarkeit oder Geschmack zu tun, sondern spielt auch im Jahreslauf eine große Rolle. In vielen Wohnungen stehen nicht nur in der Adventszeit Räuchermännchen oder Räucherstäbchen, Weihrauch gehört zu vielen christlichen Riten. Manche lieben auch den besonderen Duft von Räucherstäbchen – oder Kegeln mit selbst kreierten Duftrichtungen, welche längst nicht mehr nur als Relikte des Hippiekults der Siebziger Jahre zählen.

Räuchern spielt in der Heil- und Kräuterkunde rund um den Globus eine wichtige Rolle. Geräucherte Beeren sind Medizin. Das Ausräuchern von Höfen, Häusern, Wohnungen und Ställen, auch Verräuchern genannt, ist eine uralte Tradition und dient uns heute noch (oder wieder) zur Hygiene und intensiven Reinigung von Räumen, Geist und Seele – mancherorts auch Smudging genannt und ganz neuer Trend.

Entdecken Sie Ihre Liebe zum Räuchern – ich helfe Ihnen mit diesem Buch dabei!

Viel Spaß beim Lesen
wünscht Ihnen

RUND UMS RÄUCHERN

Wer gut arbeitet, kann sich geräuchertes Fleisch leisten, so sagt man in Russland, und was früher als seltene Delikatesse galt und nur begrenzt verfügbar war, ist heute an jeder Supermarkttheke zu finden – oder Sie versuchen sich einfach mal selbst daran. Es ist nicht schwer!

Warum räuchern?

Weil es schmeckt und Geräuchertes lange haltbar ist! Das mag in Zeiten von Supermärkten keine tragende Rolle mehr spielen, wer jedoch als „Selbstversorger“ tätig ist, freut sich über volle Regale im Vorratskeller und kann lange davon zehren.

Räuchern hat auch immer ein wenig den wehmütigen Charme der Erinnerung, beispielsweise an leckeres Stockbrot und endlos lange nächtliche Feuerwachen auf dem Pfadfinderlager, an laue Sommernächte am See inklusive frisch gefangene Fische braten, an Weihnachtsmärkte und Indianerfeste oder Omas geheime Kammer überm Hof, in der es immer so wunderbar gut duftete. Jedenfalls verbinden viele Menschen damit meist etwas sehr Positives, und es hat schon seinen Grund, dass über die Hälfte industriell hergestellter Fleisch- und Fischwaren auch geräuchert angeboten werden.

Räuchern spricht zudem die archaischen Züge unseres Wesens an und führt uns ein wenig zurück in die Geschichte der Menschheit, als mit Rauch nicht nur geheilt, gereinigt und beschwört wurde, sondern es schlichtweg vonnöten war, damit für ausreichend und lange haltbare Nahrung für den Winter vorzusorgen. Heute ist das alles nicht mehr wichtig, Supermarkt und Apotheke liegen schließlich um die Ecke. Doch ein klein wenig von jenen Zeiten schlummert noch in uns und beim Räuchern dürfen die Sinne dafür für kurze Zeit wieder erwachen. Die Sehnsucht danach ist in der zivilisierten Welt größer denn je. Nicht umsonst sind „native spirit“-Bewegungen wieder im Kommen, nicht umsonst boomen Abenteuer- und Wildnisreisen, in denen kleine Pfade back to the roots mal einfach auch nur übers Wochenende eingeschlagen werden können.

Räuchermehl ist besonders für Kaltrauch geeignet.

Natur wieder ursprünglich erleben, dazu gehört nicht nur das Zelten am Lagerfeuer, Pilze und Beeren sammeln oder selbst den Fisch angeln, sondern auch das Feuermachen und Räuchern. Und wer einmal etwas davon erfahren hat, in Raunächten das Haus ausgeräuchert hat oder seine Wehwehchen mit Rauch auskurieren konnte, wer seine Schinkenstücke und Fische selbst räuchert, spürt etwas davon, nimmt es mit in seinen technisierten Alltag, erinnert sich an den besonderen Duft und fühlt sich irgendwie geerdeter als vorher. Probieren Sie es aus!

Räucherwerk und Räuchergut

Als Räuchergrundstoffe können Sie neben Holz auch Reis, Teeblätter, Stroh und Ähnliches verwenden. Je nach Wahl wird es den Geschmack von Geräuchertem ein wenig verändern und schafft damit viel Raum für Kreativität.

Auch das verwendete Holz, welches Räucherwerk genannt wird, das der Räucherware, also dem Räuchergut wie Fleisch und andere Leckereien, den Rauchgeschmack gibt, beeinflusst den Geschmack – je nach Sorte eben.

Holz als Basis des Räucherns

Zum Räuchern eignen sich besonders harzarme Holzarten wie Laubbäume, Nadelhölzer sind darum nur begrenzt geeignet. Die am häufigsten verwendeten Hölzer sind Buche, Eiche und Erle. Mit sogenannten fire-space-Probiersets können Sie erst mal ein wenig experimentieren und günstig Ihre ersten Räuchererfahrungen sammeln.

Räucherholz kann man selbst schlagen oder als Mehl, Späne, Pellets, Splitter (auch Chips, eher kleinere Stücke, oder Chunks, eher größere Stücke, genannt) sowie Scheite kaufen. Je feiner das Holz, desto stärker und anhaltender ist die Rauchentwicklung. Mehl ist besonders für Kaltrauch geeignet, Split-

HOLZ IST NICHT GLEICH HOLZ

- Alle Hölzer sollten vor Gebrauch zum Räuchern mindestens einen Sommer lang abgelagert sein.
- Die Hölzer (wie auch alle anderen Zutaten) müssen unbedingt naturbelassen und frei von (alter) Feuchtigkeit, Schimmel, Imprägniermittel, Öl, Lack, Farbe, Kunststoff, Leim, Insekten, Pilzen, chemischen Mitteln wie Pestiziden oder Insektiziden sein. Das alles würde den Geschmack unangenehm verfälschen und die Ware terpentinähnlich oder „medizinisch" schmecken lassen – und ist obendrein giftig. Auch zu stark harziges Holz verdirbt den Geschmack.
- Von daher gehört das keinesfalls ins Feuer:
  - Spanplatten & Co.
  - Behandelte Holzstücke
  - Kunststoffe aller Art und Gummi

Holzscheite vor dem Räuchern gut ablagern.

ter, Chips, oder Späne für Heiß- und Warmrauch. Wird das Räucherholz für einige Minuten in Wasser (Wein, Whiskey, Saft etc.) eingeweicht, erhöht sich die Rauchentwicklung und je nach Flüssigkeit entsteht dann ein tolles Aroma. Chips werden vorweg meist gewässert, die größeren Chunks eher nicht. Reis, Teeblätter, Stroh und Ähnliches sind ebenfalls als Grundlage geeignet.

Auch die Wetterlage beeinflusst das Ergebnis, der Geschmack wird immer anders.

Hier einige Sorten von geeignetem Räucherholz:

- **Ahorn:** süßlich milder Rauchgeschmack, besonders für Käse, Gemüse, Rind, Schwein und Geflügel
- **Akazie:** dezent erdiges Aroma, für dunkles Fleisch
- **Birke:** leicht süßlicher Rauchgeschmack, färbt schön, rußt aber leicht, daher lieber wenig verwenden, für Geflügel und Schweinefleisch; frische Birkenrinde ist ein natürlicher Anzünder
- **Buche:** kräftiger Geschmack und schöne Färbung, für alle Fleischsorten und Fisch
- **Eiche:** schweres Raucharoma, besonders geeignet für rotes Fleisch
- **Erle:** dezent süßliches Aroma, für helles Fleisch, Geflügel und Fisch
- **Esche:** zartes Aroma, für Fisch und rotes Fleisch
- **Fichte und Kiefer:** entwickeln starken Ruß, daher im Schwarzwald oft zum sogenannten Schwarzräuchern von Schinken und Würsten aller Art verwendet
- **Hickory:** scharf und würzig, universell einsetzbar
- **Maulbeere:** süßliches Aroma, für Geflügel, Rind- und Schweinefleisch
- **Nussbäume** wie Pekannuss, Mandel oder Walnuss: leicht nussiger Geschmack; Mandel ist leicht, Pekannuss und Walnuss schwerer im Aroma, Walnuss stets sparsam verwenden, sonst wird der Geschmack zu bitter; für rotes Fleisch und dunkle Geflügelarten
- **Obstbäume** wie Kirsche, Apfel oder Birne, Orange, Nektarine, Aprikose, Pfirsich, Zwetschge oder Pampelmuse: süßlich fruchtige Rauchnoten, für alle Fleischsorten, auch Fisch und Geflügel, besonders für Schinken und Bacon
- **Robinie:** kräftiger Rauchgeschmack, für Fisch
- **Wacholder:** herbwürziges Aroma, universell einsetzbar
- **Walnuss:** süßlich, nussiges Aroma, universell einsetzbar
- **Weide:** schöne goldene Farbe, besonders für Fisch
- **Whiskeyfässer:** manche schwören auf das Holz ausrangierter alter Fässer, deren Duft einzigartig ist, universell einsetzbar
- **Zeder:** warme, balsamische Note mit waldiger, erdiger, würziger, harziger Komponente, universell einsetzbar, besonders für Lachs

KLEINE TIPPS UND TRICKS

- Nebel? Feuchtes Wetter? Schön trocken und warm? Je nach Wetterlage wird das Ergebnis immer anders.
- Das Holz muss gut abgelagert sein.
- Es eignen sich besonders harzarme bis -freie Holzarten.
- Darreichungsformen von Räucherholz als Mehl, Späne, Splitter, Chips, Chunks und Scheite.
- Je feiner das Holz, desto stärker und anhaltender ist die Rauchentwicklung.
- Mehl ist besonders für Kaltrauch geeignet.
- Chips und Chunks oder Späne sind für Heiß- und Warmrauch gut.
- Chips u.Ä. für einige Minuten in Wasser eingeweicht, erhöht die Rauchentwicklung.

Beimischungen

Für besondere Aromen können Sie das Holzmehl mit Samen, Gewürzen und Kräutern wie Wacholder, Salbei, Rosmarin, Verbene, Estragon, Liebstöckel, Koriander oder Piment anreichern, zudem mit Wurzeln, Tannenzweigen oder getrocknetem Tee oder Blüten wie von Rosen, Orangen oder Lavendel.

Warum nicht mal zusätzliche Aromen ausprobieren – es lohnt sich!

Auch Torf – in Deutschland umstritten, da sich dabei gesundheitsgefährdende Stoffe freisetzen können, doch in Irland beispielsweise für die Whiskeyräucherei unumgänglich – und getrocknetes (Heide-)Moos sind als Beigabe möglich, wie früher beispielsweise bei Katenschinken aus Heidegegenden.

Auch mit getrockneten Obststückchen oder einfach nur Apfelschalen (frisch oder getrocknet) können Sie den Geschmack verfeinern.

Geeignetes Räuchergut

Es gibt kaum etwas Kulinarisches, das Sie nicht räuchern können. Vom feinen Fisch-, Rindfleisch-, Schweinefleisch oder Geflügelstückchen über Obst, Gemüse, Pilzen bis zu Tofu, Tee, Eiern, Nüssen, Käse, Wurst, Fleisch für einen feinen Schinken, Aufläufe und Brot ist alles drin. Vieles wird für eine besondere Geschmacksnote vorweg noch mariniert, Fleisch und Fisch aller Art meist noch gebeizt oder ordentlich gepökelt.

Ob Sie heiß, warm oder kalt räuchern – alles ist möglich. Zudem ist das Räuchern nicht nur eine kulinarische Spielerei, sondern auch eine sehr vitamin- und mineralstoffschonende Art der Zubereitung – beides geht bei richtiger Handhabung nicht verloren.

Passende Ausrüstung

Was Sie an Utensilien wirklich benötigen? Nicht viel, wie Sie gleich lesen werden, denn die meisten in den Baumärkten angebotenen Dinge sind nicht unbedingt vonnöten! Selbst der Profi-Räucherofen ist kein Muss, um Selbstgeräuchertes genießen zu können.

Solch ein Ofen erleichtert vieles – muss aber nicht sein, es geht auch ohne.

Wenn Sie sich indes zum begeisterten Räucherfan entwickeln, sind an Utensilien jedoch eine Zange, einige Haken, vielleicht auch ein Thermometer, dicke Grillhandschuhe und Alufolien kluge Anschaffungen, die das Räuchern einfacher machen.

Für alle Arten von Räuchern, man unterscheidet zwischen Kalt-, Warm- und Heißräuchern (Aromaräuchern, Smoken), gibt es auf dem Markt mittlerweile große (Grill-)Räucheröfen, auch als Smoker betitelt – mit einer Vielfalt an Funktionen und Möglichkeiten. Aber es muss nicht immer gleich das teure Super-Profi-Gerät sein. Es tut's notfalls und fürs erste Austesten auch eine schlichte Erdgrube – sehr viel Spaß macht das mit Kindern! Ganz einfach geht es auch in alten, feuerfesten Fässern und Tonnen, im Gartengrill, Wok, Dampftopf, in einer ausrangierten Keksdose, im Backofen, Blecheimer, Bräter, in Pfannen, im Dutch oven oder Hobo-Kocher, im einfachen Edelstahlbesteckhalter, sogar in Blumentöpfen und noch in vielem mehr. Zudem sind im Handel unzählige kleine Tischräuchereien, Räucherboxen oder Räucherbeutel mit den zugehörigen Anleitungen erhältlich.

Für besondere Raucharomen aller Art eignen sich auch Räucherpfeifen mit Räucherglocken. Die Kombination ist in der Molekularküche sehr beliebt, da die Räucherpfeife als Aromisator arbeitet und außer Rauch auch noch ätherische Öle oder sonstige Aromen darin entwickelt werden können. Beide stehen für kurze, intensive und kulinarisch wie optisch spektakuläre Beräucherung sowie Räuchern von Speisen direkt auf dem Teller – es wird gern bei Tisch zelebriert.

Sind Sie handwerklich geschickt, können Sie Ihre Räuchertonne oder Ihren Räucherofen ganz leicht selber bauen. Im Internet finden Sie hierzu zahlreiche Anleitungen. Den Bau von etwas unkonventionellen DIY-Räucheröfen stelle ich Ihnen auf den hinteren Umschlag-Klappen vor.

Wenn Sie räuchern, empfehle ich, selbiges nur im Freien zu tun (an einem zugfreien, wind- und wettersicheren Ort ohne direkte Sonneneinstrahlung). Und warnen Sie bitte die Nachbarn vor!

Das Räuchern in Wok, Keksdose und Co. ist nur für sehr kurze Räucherzeiten von wenigen Minuten geeignet, denn das

Geräucherte bekommt sehr rasch einen scharfen, fast beißenden Geschmack. Abhilfe: Den Deckel nicht fest verschließen, damit Rauch entweichen kann. Aber in der eigenen Küche? Eher nicht! Daher garen viele Profis in dem Fall vor oder nach (etwa 10 min pro cm Gutdurchmesser bei 130 °C und pro 10 °C höhere Temperatur 1 min Zeit weniger rechnen, d.h. beispielsweise bei 200 °C sind es nur noch 3 min und bei 220 °C und mehr nur noch 1 min) und beschränken die Räucherzeit im Heißrauch auf wenige Minuten. Im Blumentopf etwa sieht das dann schon ganz anders aus oder im „DIY-IKEA-Besteckhalter-Smoker", in dem man kleinere Stücke, beispielsweise Fisch, wunderbar heiß räuchern kann ...

Beliebt ist auch das Räuchern auf gewässerten Zedernholzbrettern (Planken, Platten), die besonders gern für Fisch verwendet werden. Dazu muss man das Brett mit Öl einreiben und auf die Glut legen, bis es nach wenigen Minuten zu rauchen beginnt. Sobald es raucht, von der direkten Glut wegnehmen, Räuchergut drauf legen und räuchern.

Neu auf dem Markt sind auch Räucherblätter oder -papiere (vorher ebenfalls einweichen) aus Erle oder Zeder, worin das Rauchgut eingewickelt wird. Auch in Bananenblättern kann geräuchert werden – besonders lecker für Käse im Rauch. Ebenfalls interessant: Räucherbeutel oder -boxen aus weichem Alumaterial und fix und fertig bestückt (Heimwerkermärkte, Internet). Einfach einfüllen und nach Angaben verschließen, Beutel auf einen Grill oder in den heißen Ofen (250 °C) legen.

DER KLEINE UNTERSCHIED

Das echte Räuchern unterscheidet sich erheblich vom **Räuchern in Smoker**. Darin wird mit völlig anderen Temperaturen gearbeitet, als es in diesem Buch der Fall ist. Im Smoker wird eine mittlere Temperatur beispielsweise mit 175–230 °C angegeben und Sie werden gleich lesen, das klassische Räuchern liegt weit unter diesem Wert zwischen 15 °C für Kaltrauch und 70 °C aufwärts im Heißrauch! Der Smoker ist also eher eine Art des Garens mit der Möglichkeit, auch dabei zu räuchern. Das heißt, Gut, das eine lange Garzeit benötigt, kann im Heißrauch nur begrenzt fertig gemacht werden – oder nur mit entsprechend langer Räucherzeit, aber dann schmeckt es nicht mehr gut.

Selbst in einem alten Fass lässt es sich wunderbar räuchern.

Heiß, warm oder kalt räuchern?

Heiß- und Warmräuchern kann fast jeder, das Kalträuchern hingegen ist die Königsdisziplin. Auch ist eine Portion von Geduld vonnöten – geschmacklich ist kalt Geräuchertes aber kaum zu übertreffen.

Die Methoden unterscheiden sich grundsätzlich durch die Temperatur beim Räuchern, die Methodenwahl ist abhängig davon, was man räuchern möchte und wie lange. Ein dicker Schinken etwa kann heiß ebenso geräuchert werden für Pastrami, oder kalt, beispielsweise für ein Stück Schwärzwälder Art. Die Methode entscheidet jedoch über die Zeit der Haltbarkeit von wenigen Tagen bis (fast) unendlich lange.

Heißräuchern

Heißräuchern ist kinderleicht, von daher sei diese Methode demjenigen empfohlen, der mit dem Räuchern noch keine Erfahrung gemacht hat. Sie eignet sich vor allem für Fisch und alles Zarte. Bei starker Rauchentwicklung sollten Sie das Gut vorgaren und nur kurz heiß überräuchern. Bei zarter Rauchentwicklung darf es natürlich auch mehr sein – bis zu einer Stunde.
Heißräuchern (auch Aromaräuchern, Smoken) heißt:

- Garen und Räuchern in heißer Luft bei Temperaturen ab ca. 70 °C aufwärts
- Luftfeuchtigkeit möglichst über 65 %
- Kurze Rauchdurchgänge von wenigen Minuten (z.B. Wok, Rauchsack, Keksdose etc.) bis maximal 60 min (z.B. Räucherkammer), eventuell vor-/nachgaren
- Kurze Haltbarkeit des Räuchergutes von wenigen Tagen
- Besonderer Rauchgeschmack

SO GEHT'S

Fürs Heißräuchern sind die Möglichkeiten nahezu unbegrenzt: Sie können dafür draußen ein einfaches Feuer machen, den Heißräucher-Tischgrill oder einen Räucherofen benutzen. Im Haus lässt sich beispielsweise mit Wok, Dose oder Pfanne (jeweils mit passendem Deckel) ebenfalls wunderbar räuchern. Allerdings mag es nicht jeder, wenn es danach im Haus tagelang nach Geräuchertem duftet – oder stinkt, eben je nach Blickwinkel. Um des häuslichen Friedens willen könnten Sie den Kauf eines 1-Platten-Herdes erwägen und irgendwo draußen (in Nähe eines Stromanschlusses) räuchern.

TROUBLESHOOTING

Der Rauch ist zu dunkel (sollte hell sein):
- Das Räucherwerk ist zu feucht oder zu harzig.

Der Rauch geht ständig aus:
- Mangelnde Luftzufuhr.

Das Räuchergut ist trocken:
- Zu lange zu heiß geräuchert.
- Zu wenig Feuchtigkeit (künftig mit Wasser gefüllte Behälter dazustellen).

Das Räuchergut ist zu scharf und/oder dunkel:
- Zu lange geräuchert.
- Zu viel geräuchert, künftig auf leichtere und helle Schwaden achten.

Nicht nur für Asiafood geeignet – im Wok können Sie auch räuchern!

Heißräuchern mit dem Wok:
(funktioniert in einer hohen Pfanne, Dose oder im Dampfkochtopf nach dem gleichen Prinzip)

- Legen Sie den Boden mit Alufolie aus und bedecken diese mit sehr wenig (maximal 2 EL) Räuchermehl, Späne o.Ä. sowie eventuell weiteren Zutaten wie trockenen Gewürzen oder trockenen Tannennadeln.
- Dann den dazugehörigen Rost daraufstellen.
- Gut (eventuell bereits vorgegart, damit der Rauchgeschmack nicht zu intensiv wird – oder Sie müssen vielleicht nachgaren) einlegen.
- Mit dem passenden Deckel gut verschließen, den Wok auf die Herdplatte setzen und 1–2 min auf Höchststufe erhitzen, dann Platte auf kleinste Stufe stellen.
- Kurz räuchern, zur Seite stellen und etwas warten, dann den Deckel öffnen. Achtung: Deckel nach dem Räuchervorgang stets bitte nur am geöffneten Fenster oder noch besser draußen öffnen!

GEHT AUCH OHNE ROST
Haben Sie keinen passenden Rost zur Hand, können Sie diesen auch ganz einfach selber basteln: Biegen Sie sich den Einsatz aus Hühnerdraht oder schneiden Sie sich eine Grillfolie zurecht und legen sie diese etwas erhöht, z.B. auf mehrere Eierbecher, auf.

Warmräuchern

Warmrauch ist irgendetwas zwischen Heiß- und Kaltrauch. Hierbei entwickelt sich das beste Aroma, die Rauchstücke bekommen die besonders begehrte Zartheit. Besonders Fisch, beispielsweise Stremellachs, oder auch Eier werden damit sehr lecker. Geflügel und gebeizte Wildfleischstücke mögen den Warmrauch ebenfalls gern. Warmrauch wird oft für Brühwürste, Schinken und Fisch wie Aal oder Makrele verwendet, die Haltbarkeit ist sehr begrenzt.

Geräucherter Fisch ist eine Delikatesse.

Warmräuchern heißt:
- Garen und Räuchern in warmer Luft bei Temperaturen zwischen 45 und 65 °C
- Hohe Luftfeuchtigkeit, möglichst über 80 %
- Kürzere Rauchdurchgänge von wenigen Minuten (z.B. im Wok, Rauchsack, Keksdose etc.) bis 24 Stunden (in der Räucherkammer, bei Wurst beispielsweise)
- Eventuell vor-/nachgaren
- Mittlere Haltbarkeit des Räuchergutes von 1–3 Wochen
- Zartes und aromatisches Räuchern

TIPP VOM PROFI
Warmgeräuchertes verdirbt vergleichsweise schnell, da die hierbei eingesetzten Temperaturen vielen Bakterien einen idealen Nährboden vorgeben. Auch wenn Räuchern grundsätzlich konserviert – beim Warmräuchern ist also in Sachen Haltbarkeit trotzdem Vorsicht geboten.

SO GEHT'S

- Mit kleinen Holzstücken von Hartholz (für eine etwas stärkere Glut) wie Chunks und Holzmehl gelingt Warmrauch am besten. Bis auf die Temperatur ist es im Grunde das Gleiche wie beim Heißräuchern, die Vorgehensweise entspricht daher auch dieser Methode, nur ist es klug, größere Behältnisse dafür zu nehmen.
- Mit Wok, Dampftopf und Co. funktioniert Warmräuchern auch – aber eben nur eingeschränkt – besser ist hier eine kleine Räucherstelle draußen oder ein hierfür geeigneter Räucherofen oder Sie probieren es im selbst gebastelten Räucherofen aus einfachen Materialien wie großen Blechdosen oder Pappkarton (auch für Kaltrauch geeignet).

Kalträuchern

Das Kalträuchern, in Österreich und im Alpenvorland häufig Selchen genannt, gilt als die Königsdisziplin des Räucherns und ist selbst für Erfahrene kein leichtes Unterfangen – schon gar nicht in einem kleineren Ofen. Aber gerade für Wurst ist das Kalträuchern einfach unschlagbar gut! Also, haben Sie Geduld!

Kalträuchern heißt:
- Räuchern in kühlerer Luft bei Temperaturen zwischen 15 und 25 °C
- Luftfeuchtigkeit möglichst um 75 %
- Mehrere Räucherdurchgänge
- Vor-/nachgaren entfällt
- Sehr lange Haltbarkeit des Räuchergutes über Monate
- Intensiver Rauchgeschmack

Früher hatte fast jedes größere Haus eine eigene Räucherkammer oder es wurde zumindest irgendwo im Haus geräuchert, meist in den Herbst- und Wintermonaten. Das sogenannte Dielenräuchern, die originärste Form des Kalträucherns überhaupt, wird wohl nur noch in ländlichen Gegenden praktiziert. In einem großen Raum, meist ist dies die Diele in alten Bauernhäusern, wird dafür Rauch durch offene Feuerstellen erzeugt, der durch natürliche Luftströme nach oben Richtung Giebel steigt, dahin, wo das Gut an Schnüren aufgehängt baumelt und auf diese Weise mild, aber längere Zeit geräuchert wird – oft über Monate! Genau so funktioniert es in einem großen Kamin, in dem im oberen Stock darüber dann die Würste und Schinken hängen.

Das Feuchträuchern ist ebenfalls eine beliebte Methode des Räucherns und liegt bei Temperaturen von 25–30 °C zwischen Kalt- und Warmrauch. Dabei wird mithilfe von Wasserbehältern die Luftfeuchte im Räucherraum bis zu 90 % erhöht, was zugleich Dampf erzeugt – eine gute Art, besonders bei Rohwürsten, der zu schnellen Austrocknung der Pelle vorzubeugen.

SO GEHT'S

Kalträuchern geht auch ohne Kamin und Diele, doch Keksdose, Wok und Co. können Sie für Kaltrauch getrost im Schrank lassen. Kalträuchern funktioniert nämlich nur, wenn zwischen Feuerstelle und Räucherware ein genügend großer Abstand gewährleistet ist, damit der aufsteigende Rauch bis oben auf die richtige Temperatur abkühlen kann. Das Räuchergut wird dabei übrigens nicht gegart, sondern bleibt roh.

Das besondere beim Kalträuchern ist, dass das zu räuchernde Stück, gut abgetrocknet, dem Rauch – je nach Größe – mehreren Rauchdurchgängen ausgesetzt wird.

Möchten Sie sich am Kalträuchern versuchen und es steht Ihnen keine echte Räucherkammer zur Verfügung, kann ich

DEM KALTRAUCH AUSGESETZT

Wie viele Räuchergänge sind nötig?
- bis 1 kg: 1 Rauchergang, mehrere Stunden für kleinere Stücke
- 1–2 kg: 2–3 Räuchergänge
- ab 2 kg: 6 –7 Räuchergänge

Wie lange wird geräuchert?
Man rechnet im Schnitt dafür pro Kilo Räucherstück eine Räucherzeit von 7 Tagen á jeweils 5–20 Stunden und mindestens jeweils 4–48 Stunden Pause ohne Rauch – ein natürlicher „break“, da ja oft genug das Feuer auch wieder ausgeht. Wichtig ist, für genügend Luftzug in den Pausen zu sorgen.
Je länger die Raucheinwirkung, desto länger ist natürlich auch die Haltbarkeit – weswegen Kaltgeräuchertes sehr lange im Vorrat liegen kann. Und: Je zarter und feiner das Gut, desto kürzer die Rauchzeit.

Mit einigen Tricks gelingt auch der Kaltrauch.

DIE SACHE MIT DER TEMPERATUR
Glück, wer einen Räucherofen mit Temperaturanzeige hat: So können Sie die Temperatur des Rauchs mit Luftluken und Türe anhand der Anzeige regulieren. Aber es geht auch ohne und nach Gefühl. Kaltrauch wird nicht als warm, bestenfalls lau empfunden. Alles, was wir als warm empfinden, ist schon zu warm! Und wenn beispielsweise beim Schinken gar das Fett auszutropfen beginnt, ist der Rauch ganz entschieden zu heiß!

Ihnen nur die „Anfänger-Räucherbox" ans Herz legen – sie ist schnell selbst gebaut und mit dem Einsatz von Holzmehl oder Chips könnte es klappen! Wie es genau funktioniert und eine DIY-Bauanleitung finden Sie auf der hinteren Klappe.

Übrigens: Mit der Räucherbox lässt sich sowohl Kalt- als auch Warmräuchern.

Räucherbox made at home geht ganz einfach.

Wie lange räuchern?

Eine genaue Regel für jede Räuchermethode, wann genug geräuchert ist und welche Räucherzeiten wofür notwendig sind, gibt es nicht. Aber man kann sagen, dass beispielsweise bei Würsten oder Schinken im Kaltrauch ein Drittel bis ein Viertel Gewichtsverlust während des Räucherns ein verlässlicher Wert für eine gute Haltbarkeit ist. Das heißt also, immer schön wiegen: Schinken u.Ä. schon vor dem Lakebad, Würste nach dem Abfüllen und Abbinden.

Ganz grob halte ich es mit den Zeiten in etwa so:

- ab 70 °C und mehr: 2–7 min pro cm Gutdurchmesser (und maximal 60 min) – es gilt: Je weniger Rauchentfaltung im Gefäß/Raum möglich, desto weniger Zeit!
- Bei ca. 55 °C: 15–35 min pro cm Gutdurchmesser im Warmrauch
- Bis maximal 25 °C: 1–5 Tage pro cm Gutdurchmesser im Kaltrauch

Dabei müssen Sie aber zudem stets bedenken, dass Temperaturschwankungen von zwanzig und mehr Grad bei allen drei Räuchermethoden ebenso wie die Beschaffenheit des Gutes – Zartes wie Fisch und Gemüse darf zarter und Kräftiges wie Wurst kräf-

tiger behandelt werden – zu berücksichtigen sind. Zudem sind teils die Übergänge fließend: 75 °C ist das Höchste der Gefühle im Warmrauch und gilt aber auch schon als niedere Temperatureinstellung für den Heißrauch. Die jeweiligen Temperaturen im Heiß-, Warm- oder Kaltrauch schwanken zudem teilweise stark und bei 75 °C im Heißrauch beispielsweise ist alles schneller fertig als bei 100 °C.
Auch die Farbe ist für manche von Belang, welche, je nach Art des Räuchergutes oder der Räucherhölzer, von zart gelb bei Fisch, Käse und Eiern aus dem Heißrauch bis beispielsweise fast schwarz bei Schinken aus harzreicher kalter Holzräucherung sein kann.

Und denken Sie an die Abstände zwischen Rauch und Räuchergut – das ist gerade beim Heißräuchern entscheidend. Sanft vorbei wehender warmer oder kühler Rauch ist viel weniger intensiv als direkt darunter entstehender heißer Qualm, der einen sehr beißenden Geschmack erzeugen kann!

Wer nur einen dezenten Rauchgeschmack erzeugen möchte, kann Fisch, Käse, Kartoffeln, Brötchen oder Eier beispielsweise mit (eventuell gelochter) Alufolie leicht abdecken oder sich an Räucherglocke oder Pfeife erproben – und das Gut schon vorgaren, beispielsweise anbraten, kochen oder dämpfen, das spart Zeit und damit minimiert sich der Rauchgeschmack.

Nachdem der Räucherprozess beendet ist, kann oder muss teilweise das Rauchgut weiter luftgetrocknet werden (am besten bei Kühlschranktemperaturen). Dies sorgt für eine festere Kon-

DA GEHT NOCH WAS
Der Ofen ist schon aus, aber da ist doch noch was möglich, z.B. für ein dünnes Stück Käse, Fisch oder Obst: Für nur einen Hauch Aroma legen Sie nach dem eigentlichen Räuchervorgang einfach Rauchgut für einige Stunden bis 2 Tage in den Räucherschrank. Das gibt ein ganz sanftes Aroma.

Geräucherte Fleischspieße schmecken immer und sind ruckzuck fertig.

sistenz. Aber es kann natürlich auch direkt nach dem Räuchern verzehrt werden – es gilt wie immer: alles Geschmackssache!

Doch nichts ohne Ausnahme: Der allseits beliebte Stremellachs wird heiß geräuchert. Fisch mag eigentlich eher Warmrauch gerne, aber dennoch benötigen zarte Fischstückchen in der Regel eine andere Behandlung als eine dicke Ochsenkeule. Zudem ist der Warmrauch nichts für Ware, die länger haltbar sein soll. Insgesamt ist zu sagen: Ihr persönliches Fingerspitzengefühl und Geschmacksempfinden sind nun gefragt. Werden Sie selbst zum Räucherexperten durch Experimentieren!

FAUSTREGELN FÜRS RÄUCHERN

Generell gilt:

- Je länger etwas haltbar sein soll, desto kälter der Rauch und länger der Rauchvorgang.
- Je zarter das Räuchergut, desto wärmer der Rauch und kürzer der Rauchvorgang (abgesehen von Ausnahmen wie z.B. Stremellachs).
- Je schmaler der Durchmesser des Räuchergutes, desto kürzer die Rauchzeit. Beispielsweise benötigt ein dicker Sauschinken im Kaltrauch eine längere Rauchzeit als dünne Geflügelstreifchen oder zarte Muscheln im Heiß- oder Warmrauch.
- Mein Tipp: Kaltrauch ist für Würste und Schinken, auch über Tage, zeitlich gesehen alles kein Problem. Im Heiß- und Warmrauch sollten Sie jedoch immer eher erst mal eine kürzere Räucherzeit berechnen, lieber nachgaren und notfalls nachräuchern. Zu scharf geräucherte Fische, Fleisch- oder Gemüsestücke, Käse oder Eier sind geschmacklich nicht jedermanns/jederfraus Sache!

Gesund räuchern

Beim Verbrennen oder Verglimmen von Holz, der sogenannten Pyrolyse, werden verschiedene Substanzen wie beispielsweise Cellulose zersetzt. Es entsteht Rauch, bestehend aus gasförmigen wie partikulären Stoffen wie Asche und Ruß, welche dem Räuchergut den unverwechselbaren Geschmack bescheren. Was nicht als Rauch aufsteigt, bleibt als Holzkohle oder Holzasche zurück, was beides wiederum mithilfe von Glück und Sauerstoff schwelend weiter brennt. Die in diesem Rauch nun enthaltenen Substanzen haben teils eine antibakterielle, antivirale und antifungizide (gegen Hefen und Pilze) Wirkung, allerdings gelten andere Inhaltsstoffe wie Benzo(a)pyren auch als krebserregend, weswegen Geräuchertes auch nicht täglich auf dem Speiseplan stehen sollte. Aber in Maßen – kein Problem!

Wichtig bei allen Räucherarten ist: Nehmen Sie nicht zu viel Rauchwerk. Eine Handvoll Chips beispielsweise reicht für

Ohne Feuer kein Rauch. Mit gutem Holz schmeckt's besser.

15 min räuchern. Legen Sie bei fettigen oder sehr feuchten Stücken, die Sie räuchern wollen, vorweg Alufolie über die möglichst glatt gestrichene Holzmenge, damit austretendes Fett nicht in das Holzmehl oder die Späne tropfen kann. Die Folie muss etwa zwei Zentimeter an allen Seiten überstehen und hochgeklappt werden, damit nichts oder nur sehr wenig an den Rändern ablaufen kann. Feuchte Tropfen sind beim Heißräuchern nur in Maßen erwünscht – Feuchtigkeit beeinflusst den Geschmack und macht ihn schärfer, manche besprühen, allerdings vor allem für Warm- und Kaltrauch, das Räucherwerk sogar noch extra – das nennt man dann Feuchträuchern.

Hängen Sie die Räucherware beim Warm- und Kalträuchern stets hoch genug und mit Abstand voneinander auf, sodass es weder sich gegenseitig noch anderes berühren kann. Der Rauch sollte alle Stücke gleichermaßen erreichen können. Je nachdem auch, wie weit das Gut vom Räucherwerk entfernt liegt und wie viel Platz der Rauch zur Entfaltung findet, wird der Geschmack natürlich auch beeinflusst – logisch: je näher, desto schärfer und intensiver. Im (zugedeckten) Wok oder Tischöfchen entwickelt sich ein stärkerer Rauchgeschmack als in einer zwei mal zwei Meter großen Räucherkammer.

WENIGER IST OFT MEHR

Beispielsweise in Dampftopf, Keksdose, Tischräuchergerät, Wok und Co. können bereits wenige Minuten ausreichen, um einen intensiven Rauchgeschmack zu erzeugen! Generell gilt: Je dichter das Räuchergefäß verschlossen ist, also je weniger Rauch entweichen kann, desto kürzer die Räucherzeit! Im Wok oder Dampftopf ist sie sehr kurz – über offenem Feuer entsprechend lang.

Von Raunächten und Ausräuchern

Mancherorts galten und gelten die Rau- oder Zwölfnächte als mystisch bis gefährlich. Fest verknüpft mit dieser Zeit ist der Brauch des Ausräucherns. Er zählt heute in manchen, eher katholisch geprägten Gegenden und Familien, teils noch immer zur festen Tradition.

DAS STILLE ÖRTCHEN MAL EBEN AUSRÄUCHERN ...

... geht sehr einfach – ist aber höchst wirkungsvoll und in Skandinavien wohl gang und gäbe: Um die „dicke" Luft im WC zu vertreiben, einfach ein Streichholz anzünden, kurz brennen lassen und ein bisschen damit herumwedeln, dann wieder auspusten. Fertig! Doch danach kurz lüften ist bestimmt trotzdem nicht verkehrt.

Die Nächte von Heiligabend bis zur Nacht vom fünften auf den sechsten Januar (Dreikönig) nennt man die Rau- oder Zwölfnächte. In manchen Gegenden zählt man auch vom Thomastag am 21. Dezember bis Neujahr.

Früher verbrachten die Menschen diese Nächte oftmals mit Fasten und im Gebet. Man versuchte zugleich mit Ausräuchern Dämonen, die in diesen Nächten angeblich ganz besonders ihr Unwesen trieben und die Unglück, Krankheit oder Tod für Mensch und Vieh bringen konnten, fern zu halten. Frauen und Kinder mussten nach Einbruch der Dunkelheit im Haus bleiben und vielerorts wurde – und werden noch immer – Haus, Hof, Ställe und selbst Amts- und Büroräume, Schulen und Arztpraxen, ja sogar Krankenstuben (mit antiseptisch wirkenden Harzen) ausgeräuchert.

Doch nicht nur hierzulande, sondern rund um den Globus und in allen Jahrhunderten und zu allen Jahreszeiten wurde

Feine Räuchermischung: Macht gute Stimmungen im Raum.

und wird immer wieder geräuchert, in vielen Kulturen gehört es zum festen Bestandteil des Alltags, beispielsweise um Rituale, Familienangelegenheiten oder sonstige Anlässe gebührend zu feiern. Dabei geht es manchmal auch um Magie und Mystik, doch meist hat das (Aus-)Räuchern heute nichts mehr mit Aberglauben zu tun, sondern mit Freude, Reinigung und Erneuerung. Viele räuchern, um eine schöne Stimmungen zu erzeugen, den Feierabend zu zelebrieren oder weil es ihnen einfach gut tut. Andere räuchern nachdem Übernachtungsbesuch da war, um Stress zu minimieren oder Kopfweh zu vertreiben oder sich auf ein bevorstehendes Ereignis wie ein große Reise, Hausbau, Jobwechsel oder Geburt eines Kindes vorzubereiten. Dafür werden gern Kräuter verwendet, denen eine besondere Wirkung zugeschrieben wird. Wacholder und Zeder beispielsweise wirken reinigend, Süßgras sorgt für Energie, Majoran und Salbei für innere Ruhe oder Lavendel für Ausgeglichenheit.

Viele Menschen haben das Gefühl, die Räume sind danach von negativen Gefühlen und schlechten Schwingungen gereinigt und eine friedliche Umgebung kann sich breit machen. Bestes Beispiel sind die von der Küste bis zu den Bergen allseits beliebten Räuchermännchen oder Räucherelche. Doch auch ohne Männchen oder Elche können Sie Versuche starten: Zum Ausräuchern benötigen Sie ein feuerfestes Gefäß (Räucherstövchen, Räucherkelch oder Räucherschale), mit etwas Sand befüllt. Darauf legen Sie schnell brennende Rauchfasskohle, hierauf können Sie Mischungen abräuchern. Die Kohle muss zunächst durchglimmen und damit grau aussehen, bevor Sie das Räucherwerk darauf legen. Mischen Sie sich einfach Ihre eigenen Kreationen (Anleitungen siehe ab Seite 120) zusammen und los geht's!

Zum Ausräuchern können Sie in einem Raum bleiben oder mit dem Rauchwerk langsam durch jeden Raum gehen. Dabei ist wichtig, dass Sie kein offenes Feuer entfachen, sondern nur Kräuter, Blüten, Harze wie Styrax oder Myrrhe, Rinden u.Ä. verglimmen lassen. Dabei werden die ätherischen Öle gelöst und gelangen durch den Rauch in den Raum. Mögen manche diese Art von Reinigung als esoterischen Quatsch abtun – sollen sie doch. Denn seien wir mal ehrlich: Wir greifen tagtäglich und häufig ohne Not zu recht übel riechenden Putzkeulen. Doch manchmal tut's auch ein einfacher Lappen mit etwas Essig oder Zitronensaft getränkt, um „dicke Luft" in jedweder Form zu vertreiben oder um einfach nur einen angenehmen Duft zu verbreiten. Da ist das Räuchern gerade richtig!

DAS HILFT

Für Gesundheit und Wohlbefinden: Burgunderharz, Alantwurzel, Kamille, Ingwer

Für Harmonie und Seelenfrieden: Benzoe Siam-Harz, Koriander, Sandelholz, Sternanis

Für Kraft und Energie: Drachenblut oder Bernsteinharz, Eisenkraut, Kardamom, Salbei

Für Fantasie und Inspiration: Copal Kongo-Harz, Zitronengras, Mädesüß, Nelke

Für Reinigung und Belebung: Dammar-Harz, Eukalyptus, Lavendel, Salbei

Für Lust und Freude: Styraxharz, Muskatellersalbei, Rosenblüten, Zimt

FÜR DEN GUTEN GESCHMACK

Wie mögen Sie es lieber? Klassisch? Exotisch? Mal auf italienische oder schwedische Art? Oder Lust auf südamerikanische Nuancen? Hier finden Sie Anregungen für Ihre ganz persönlichen Vorlieben! Sie müssen Ihr Räuchergut einfach mit entsprechenden Zutaten vorbereiten!

Vom Salzen, Pökeln, Marinieren und Beizen

Was früher in Sachen Haltbarkeit unentbehrlich war, sorgt heute für kulinarische Vielfalt. Es gibt mehrere Methoden, die letztlich alle mehr oder weniger aber aufs gleiche Ziel hinauslaufen: Feines soll auf den Tisch!

Doch vorweg geht's – meistens jedenfalls – ans Salzen, Pökeln, Marinieren oder Beizen. Ja, aber was denn nun? Und was hat das mit Räuchern zu tun?

Im Grunde ist alles das Gleiche, nämlich das Räuchergut, wie Fleischstücke, Fisch, Eier, Gemüseteile und dergleichen mehr, in eine Zutatenmischung einlegen, damit einreiben oder, bei Wurst, eine ausreichende Menge Salz und Gewürze in das Brät mit hineingeben. Doch welche Methode ist wofür richtig?

Je nach Landstrich ist mit diesen Begriffen mehr oder weniger dasselbe gemeint, doch es gibt genaugenommen klitzekleine Unterschiede. Das Beizen meint eigentlich das Einlegen in eine Marinade. Der Begriff beinhaltet damit das Pökeln, welches streng genommen wiederum nur das Salzen (Salzlake oder trocken) bedeutet und damit für die Haltbarmachung steht. Und wer mariniert, beizt „auf Französisch". Wer beizt, muss also nicht unbedingt pökeln, aber wer pökelt, der beizt eigentlich immer ... alles klar?

Ein Stück rohes Fleisch, Fisch, Gemüse o.Ä. wird dabei trocken oder nass „eingelegt", je nach Wunsch nur um den Geschmack zu verbessern, oder um eben auch die Haltbarkeit zu verlängern. Je nachdem, ob Salz dabei ist, wird zwischen Marinieren (ohne Salz) und Beizen (mit Salz) unterschieden. Salzen und Pökeln sind also nichts anderes als feine Unterschiede beim Beizen. Das jedoch müssen Sie einplanen, wenn Sie beispielsweise Fleischstücke kalt räuchern wollen, denn das Salz bekämpft auch durch den Entzug von Wasser die Bakterienbildung – das ist wichtig für eine lange Haltbarkeit.

Salzen und Pökeln

Mit Salzen und Pökeln, auch Umröten genannt, war ursprünglich (und ist noch immer) die Haltbarmachung von Fleisch und Fisch mit Salz gemeint – eine Vorbereitung vor allem für den Kaltrauch. Durch das Salz verbessert sich zum einen der Geschmack des Räuchergutes, es wird ihm aber auch Flüssigkeit entzogen und somit der Trocknungsprozess beschleunigt. Zudem werden darin enthaltene schädliche Bakterien abgetötet – das Räucher-

DAS RICHTIGE MASS

Tropfen, Teelöffel, Esslöffel oder Messerspitze ... und wie viel ist was tatsächlich?

Hier die ungefähre Umrechnung – Pi mal Daumen:

1 TL gestrichen: 5 g, entspricht etwa 1/3 EL oder 10 Messerspitzen oder 30 Prisen

1 EL gestrichen: 15 g, entspricht etwa 3 TL

1 Prise oder ein Hauch: 0,05 g (die Menge, die beim Greifen zwischen Daumen und Zeigefinger gehalten werden kann)

1 Msp.: 0,2–0,5 g (die Menge, die auf dem ersten Zentimeter eines Messers, waagrecht wieder heraus genommen, liegen bleibt, entspricht ca. 2 Prisen)

1 Tropfen: 1 Tropfen = 0,05 g (20 Tropfen = 1 g)

1 Spritzer: 1 g (die Menge einer Flüssigkeit, die aus einer Flasche (mit dünner Spitze) kommt, wenn diese einmal ganz kurz gekippt wird)

1 Schuss: 5–10 g (die Menge einer Flüssigkeit, die aus einer Flasche (je nach Halsweite) kommt, wenn diese einmal ganz kurz kräftig gekippt wird), entspricht etwa 3 EL

In solch einem Bottich wie aus früheren Zeiten lässt sich das Fleisch gut in der Nassbeize einlegen.

gut bleibt länger haltbar. Dank dieser Konservierungsmethode war es früher und ist es bis heute möglich, Fleisch oder Fisch lange aufzubewahren, ohne dass es schlecht wird. Je trockener das Rauchgut dafür, desto besser! Es gibt im deutschen Sprachraum für den Vorgang, ob mit bzw. ohne Nitritsalz oder Salpeter, mehrere Begriffe, in Bayern und Österreich heißt es Suren.

SALZ IST NICHT GLEICH SALZ

Alle Sorten werden aus Gestein oder Meerwasser gewonnen:

- **Andensalz (Inka-Sonnensalz):** aus Peru, mit Sonnenkraft getrocknet
- **Bambussalz:** in den Hohlräumen von Bambusholz getrocknetes Meersalz, starker Salzgeschmack, findet auch in der Heilmedizin Verwendung
- **Fleur de Sel:** Meersalz aus Frankreich, zum „Feinschmeckersalz“ erklärt
- **Halitsalz:** Steinsalz aus Pakistan
- **Hawaiisalz:** aus Meerwasser, mit Mineralien, Spurenelementen und Aktivkohle veredelt, verschiedenfarbig
- **Himalayasalz:** Steinsalz aus Punjab oder Polen (meistens nicht aus dem Himalaya), oft roséfarben
- **Inkasalz:** aus Quellwasser der Anden gewonnen, roséfarben
- **Kalahari-Salz:** aus einem Salzsee in der Kalahari-Wüste, sonnengetrocknet
- **Kochsalz:** auch Siede- oder Salinensalz, aus Gestein gewonnen
- **Maldonsalz:** Meersalz aus England, sehr weich, sehr kräftig im Geschmack
- **Meer-/Atlantiksalz:** aus Meerwasser, mineralstoffhaltig
- **Pfannensiedesalz:** aus über 100 m Meerestiefe gewonnen, in Pfannen gesiedet, bis das Salz auskristallisiert
- **Räuchersalz:** aus durch Feuer verdampftem Meerwasser, sehr rauchiger Geschmack
- **Schwarzes Salz:** Steinsalz aus Indien und Pakistan, mit feinem Raucharoma
- **Steinsalz:** intensiv salziger Geschmack, bläulich schimmernde Salzkristalle
- **Utah Sweet Salt:** wird in einem Salzbergwerk im US-Bundesstaat Utah gewonnen

Salz ist wichtig

Von Salzen und Salzfleisch – früher oft in Fässer eingelegt – spricht man, wenn hierfür reines Koch- bzw. das gute einfache Speisesalz verwendet wird. Salz wirkt jedoch nicht gegen alle Keime, zudem verhindert es nicht, dass das Fleisch grau wird. Das Einsalzen können Sie vor allem bei nichtfleischiger Ware, auch bei Fischen aller Art, einsetzen.

Beim Salzen unterscheidet man zwei Arten: Das Trocken- und das Nasssalzen.

Beim **Trockensalzen** wird möglichst wenig oder gar nichts Flüssiges verwendet, wie etwa einfach nur Gewürze, Kräuter, es entspricht dem Trockenbeizen. Beim **Nasssalzen** indes wird die Würzmischung durch Flüssiges, beispielsweise Wein oder Fruchtsaft, ergänzt, analog dazu finden Sie die Nassbeize. Übrigens: Ein gut gehäufter EL entspricht ca. 30 g.

WIE LANGE WIRD NASS GESALZEN?
Die „Badezeit" ist kürzer als beim Beizen oder Pökeln: Sie beträgt, je nach Räuchergut, zwischen 30 min und mehreren Tagen.

Eine Handvoll Salz für die Beize.

SO GEHT'S

- Zutaten eventuell zerkleinern oder zerdrücken, wie z.B. Knoblauch oder Wacholderbeeren.
- Fleisch oder Gemüsestücke mit der Mischung einreiben oder einlegen.
- Die Teile sollten vollständig von ihr bedeckt werden.
- Gefäß luftdicht verschließen und kühl stellen. Gut durchziehen lassen – das war's schon.
- Danach Teile abwaschen, trocknen und dann erst salzen.

SALPETER UND NITRIT – DAS STECKT DAHINTER

Salpeter ist ein Sammelbegriff für verschiedene Nitratarten und hat eine lange und bewegte Geschichte. Es wurde bereits in der Antike zur Konservierung von Fleisch eingesetzt und war allezeit ein wichtiges Industrie- und Handelsgut. Es hemmt ebenso wie Nitrit die Bakterienbildung, bei langen Reifezeiten wie bei Schinken und Salami entwickelt es ein besonders volles Aroma und eine intensive Farbe. Wenn Sie Salpeter in der Apotheke bestellen, bekommen sie meist Natrium nitricum cryst., Chilesalpeter, welches für das Pökeln weltweit verwendet wird.

Nitrit: Chemiker analysierten um 1900, dass Nitrit die Graufärbung von Fleisch verhindert und für die rötliche Farbe von Gepökeltem sorgt. Man erkannte, dass dafür eine chemische Reaktion mit Hämoglobin im Fleisch verantwortlich ist und dass Nitrite die Bakterienvermehrung hemmen. Das Geheimnis dieses Jahrtausende alten praktischen Wissens war damit gelüftet.

Generell ist zu sagen, dass **Nitrate und Nitrite** nicht ganz unbedenklich sind. Sie können in saurem Milieu (z.B. im menschlichen Magen) oder durch Hitze (über 100 °C) in giftige Nitrosamine umgewandelt werden. Diese können sich mit dem Blutfarbstoff Hämoglobin zu Methämoglobin entwickeln, welches bei Erwachsenen durch ein Enzym wieder umgewandelt wird. Bei Kindern ist dieses Enzym im Körper jedoch noch nicht vorhanden und der Sauerstofftransport im Körper damit gefährdet. Nitrit steht im Verdacht, Krebs zu erregen, allerdings wird das in der Wissenschaft kontrovers diskutiert. Ausgleich (oder Ersatz) kann die Zugabe von Ascorbinsäure schaffen. Sie gibt beispielsweise der Wurst ebenfalls Röte und baut schädliche Stoffe ab. Daher sollten Bratwürstchen, Schinken und Co., die nitrithaltig sind, nicht gerade täglich auf dem Speiseplan stehen und auf die Teller kleiner Kinder gehören ohnehin keine stark nitrithaltige Waren. Speziell für kleine Kinder sollten Sie in Brüh- und Kochwürsten das Pökelsalz reduzieren oder ganz weglassen (die Wurst ist dann halt gräulich statt rosa!)

Ansonsten gilt auch hier: Die Dosis macht das Gift!

Unkomplizierte Art der Beize: in der Tüte.

Pökeln muss sein

Fürs Pökeln oder Umröten fügt man Salzsorten noch Nitrat hinzu, im Handel Nitritpökelsalz genannt, oder mischt Salpeter zum Salz. Beides reduziert die Keimzahl zusätzlich und erzeugt durch komplizierte chemische Prozesse die appetitlicher aussehende Rotfärbung.

Wie beim Salzen unterscheidet man auch beim Pökeln zwischen Trocken- und Nasspökeln, die Methoden sind die gleichen wie beim Salzen. Beides geht super einfach in einer Plastiktüte.

Marinieren

Das Wort Marinieren kommt vom französischen Begriff mariné und heißt so viel wie „in Salzwasser eingelegt". Wie Beizen und Pökeln diente es ursprünglich vor allem der Haltbarmachung von Speisen, vor allem auf langen Seereisen. Unter Marinieren verstehen wir heute das Einlegen in eine flüssige bis ölige Würzmischung ohne Salz. Durch das Einlegen dringen feine aromatische Nuancen in die marinierten Teile ein, sie werden dadurch schmackhafter und zarter. Marinieren können Sie Ge-

müsestücke, Fleisch, Käse und viele weiter Leckereien – meist werden die Teile danach geschmort, gebraten oder gegrillt, manches aber wie beispielsweise Lachs auch roh gegessen (man spricht von gebeiztem Lachs, da er in viel Salz mariniert wird, also eigentlich gebeizt ist) – und natürlich auch geräuchert.

Für Marinaden eignet sich alles, was lecker ist! Ob Sie zu Kräutern, Alkoholischem oder Obst greifen – nur Mut, es schmeckt eigentlich immer und funktioniert so einfach. Die Methoden sind die gleichen wie beim Salzen.

Drei Sorten Pökelsalz – gute Mischungen für den ganz individuellen Geschmack.

WIE LANGE WIRD MARINIERT?

Pro 1 cm Durchmesser 1 Stunde bis 1 Tag marinieren, ganz nach Gusto.

Feine Zutaten für eine würzige Beize.

Beizen

Beizen ist ein Mischmasch aus allem, und egal wie der Vorgang auch benannt wird – dafür wird beispielsweise ein Stück rohes Fleisch, um es zum einen mürbe zu machen oder andere Leckereien, um deren Geschmack noch zu verbessern und insgesamt die Haltbarkeit zu verlängern, „trocken“ oder „nass“ eingelegt. Dazu gibt es diverse Spielarten, irgendwann finden Sie Ihre Lieblingsart, denn was den Geschmack angeht, nehmen sie sich nichts. Generell kann man aber vielleicht sagen, dass das Nassbeizen (oder Salzen, Pökeln oder Marinieren) eher für große und das Trockenbeizen (oder Salzen, Pökeln oder Marinieren) eher für kleinere Stücke von was auch immer geeignet ist. Für ein riesengroßes Stück Fleisch, das vielleicht einmal ein zünftiger Schinken werden soll, sind Sie mit der Nassbeize einfach auf der sichereren Seite!

GENERELL GILT
Je kleiner das Stück, desto kürzer die Beizzeit, je feiner und zarter das Stück, desto milder die Beizart.

Zum Beizen genügt, ganz nach dem Motto „back to the roots“, im Prinzip schon einfaches Salz, allenfalls noch Wacholderbeeren als Zusatz. So wird die Sache Salzen genannt, mit Salz plus Nitrit oder Salpeter wird daraus Pökeln.

Der Eigengeschmack der Rauchstücke kommt bei der puren Version stärker zur Geltung, doch wer mit Geschmack experimentieren möchte, findet viele Möglichkeiten an Zutaten – fast alles von A wie Arrabiata-Gewürz bis Z wie Zwiebelsamen (Asialaden) eignet sich dafür. Auch Flüssiges wie Buttermilch, Zitronensaft oder Rotwein darf zum Einsatz kommen, ebenso Blüten, Obststückchen oder feine Kräuter. Und ganz wichtig: Soll eine Beize, in dem Fall spricht man eigentlich eher von Marinade, nur für guten Geschmack sorgen, bitte niemals Salz verwenden – es entzieht dem Beizgut das Wasser, was aus Gründen der Haltbarkeit ja, wie beispielsweise bei Schinken, aber auch erwünscht ist.

TROCKENBEIZE

Eine trockene Beize kommt ohne (oder nur mit sehr wenig) flüssigen Zugaben aus und besteht (außer bei Marinaden) aus Salz oder Nitritpökelsalz oder Salz plus Salpeter und Zucker, verschiedenen Gewürzen und Kräutern. Lachs ist typischerweise trocken und Fisch wird generell mit Salz (also weder mit Nitritpökelsalz noch mit Salpeter) gebeizt. Dafür wird die Ware kräftig damit eingerieben, gut bedeckt oder lagenweise hinein geschichtet. Hierbei tritt dann Lake aus, das Gut „trocknet", und je nach Wärmeeinwirkung und nach Rezept, kann das schon mal einige Tage bis Wochen dauern. Durch den hohen Flüssigkeitsentzug bis zu fünfzig Prozent, ist mit dem Trockenbeizen eine sehr gute Haltbarkeit gewährleistet – eine beliebte Methode in Gegenden, in der kaum Kühlgeräte vorhanden sind. In Brasilien beispielsweise sind in der Sonne getrocknete Fleischsorten wie Charque, Carne do sol und Carne seca, sehr beliebt und gehören in das brasilianische Nationalgericht Feijoada, eine Bohnensuppe besonderer Art. In Italien kennt man Calandraca, in Seeluft getrocknetes Pökelfleisch, das früher, waren die Seeleute dann wieder an Land, auch gern noch geräuchert wurde.

WOHIN MIT DER BEIZE?
Beim Trockenbeizen und Vakuumbeizen tritt viel Wasser aus dem Gut heraus und mischt sich mit den Zutaten. Daher sollten Sie die gewonnene Mischung aufkochen, durch ein Tuch passieren und damit das geronnene Eiweiß, Gewürzstücke u.Ä. rausfiltern. Für eine feine Sauce können Sie nun die Mischung einfach weiterverwenden, z.B. damit Angebratenes ablöschen und zusammen mit Brühe, Johannisbeergelee und Sahne vermengt, sämig einkochen. **Aber Achtung:** Beizmischungen sind meist sehr salzig!

DAS LEBEN OHNE KÜHLSCHRANK
Man kann es sich kaum noch vorstellen, aber doch, es gab früher ein Leben ohne Kühlschrank und man musste irgendwie versuchen, leicht verderbliche Nahrungsmittel möglichst lange haltbar zu machen. Schließlich musste man den Winter überstehen.
Nahrungsmittel, wie Fleisch in verschiedenen Formen, wurden also gekocht, gesalzen, getrocknet und geräuchert, in Fett, Most oder Wein eingelegt, in einer Marinade aus Essig, Salz und Gewürzen konserviert, in Asche gelagert. Aus Milch machte man Hartkäse, der Butter entzog man die Flüssigkeit, um sie haltbar zu machen, Eier wurden gekocht und in Salzlake aufbewahrt, oder in Steinguttöpfen geschichtet und mit Kalk oder „Wasserglas" gegen Luft abgedichtet. Obst und Gemüse wurden in Sand, Heu, Stroh und anderen ähnlichen feuchtigkeitsbindenden Stoffen deponiert, oder man konservierte es, indem man es mit Lehm umhüllte oder in ein saures Gemisch aus Essig, Honig und Wein einlegte, in Hitze dörrte oder zu einem dicken, zähflüssigen Mus einkochte, das gewürzt und in Scheiben luftgetrocknet wurde. Gemüse wurde getrocknet, in sauren Laken oder Erdgruben gelagert.

Fisch in feiner Trockenbeize mit Chili- und Orangenstückchen, Petersilie und Pfeffer.

WAS GENAU IST MIT DURCHBRENNEN GEMEINT?

Durchbrennen heißt, dass das (Fleisch-)Gut ohne weitere Zusätze noch einige Tage an einem kühlen, trockenen Ort ruhen kann, damit sich unterschiedliche Salzkonzentrationen beispielsweise im Fleisch ausgleichen und das Salz „durchbrennen“ kann. Dabei sollte der Raum dunkel sein, die Temperatur 5–15 °C betragen und eine ca. 65–85%ige Luftfeuchtigkeit vorherrschen.

Das Durchbrennen macht das Einlegegut, besonders Fleisch, später extra zart und mürbe, es verstärkt zudem das Aroma und sorgt für gleichmäßige Farbe. Besonders wichtig ist das, wenn die Lake anstatt mit Nitritpökelsalz mit normalem Speisesalz oder Meersalz angerührt war.

SO GEHT'S

- Das Einlegegut muss gut gekühlt sein, bevor es gebeizt wird (vorher mindestens 6–8 Stunden lang in den Kühlschrank legen).
- Die Umgebungstemperatur sollte zwischen 5 und 15 °C liegen.
- Beim Einschichten immer stets auch unter, zwischen und über allen Abschnitten Salz einstreuen.
- Stücke täglich wenden und/oder umschichten, d.h. untere Stücke nach oben (Rotierverfahren), maximal vier übereinanderlegen.
- Manche schwören drauf: Die Stücke nach der Beizzeit einen halben bis einen Tag lang in kaltem Wasser wässern, dann gut mit warmem Wasser abwaschen und einige Tage „durchbrennen", d.h., von Luft in Kellertemperatur umweht, trocknen lassen. Sie können, müssen aber nicht unbedingt, die Beize vorweg abwaschen. Das ist einfach eine Frage des Geschmacks.
- Stücke vor dem Räuchern stets gut trocken tupfen, gern auch 1–2 Stunden zusätzlich an der Luft weiter trocknen lassen, das sorgt für gute Räucherergebnisse.

Zur Trockenbeize zählt auch das Vakuumbeizen oder -pökeln, das die Sache etwas schneller vonstatten treibt und gerade für Anfänger ideal ist: Man rechnet pro kg Einlegegut 2 Tage. Dazu wird das Gut mit Salz und einigen Gewürzen möglichst luftdicht verpackt (eventuell ein Vakuumiergerät besorgen, eine Luftpumpe mit Umkehr- bzw. Saugfunktion wie z.B. für Luftmatratzen, um die Luft auszupumpen, nehmen oder die Luft sehr gründlich ausstreichen) und dann, nach entsprechender Zeit, weiterverarbeitet.

WIE LANGE WIRD TROCKEN GEBEIZT?
Je nach Einlegegut und Räucherart pro cm Dicke ½ Stunde (z.B. feiner Fisch für Heißrauch) bis 24 Stunden (z.B. dicke Schinkenkeulen für Kaltrauch) Zeit einrechnen.

TROCKENBEIZMISCHUNG

Ganz easy

100 g Salz
1–3 g Salpeter
2 Lorbeerblätter zerbröselt
10 g brauner Zucker
1 TL schwarzer Pfeffer
½ TL Kümmel
5 Wacholderbeeren grob zerstoßen

- Alles mischen und luftdicht in einem Schraubdeckelglas aufbewahren.

Tipp: Salz plus Salpeter können Sie für Fleischiges in allen Rezepten auch durch Nitritpökelsalz ersetzen, für alles was nicht fleischig ist, genügt eh einfaches Kochsalz.

PI-MAL-DAUMEN-REGEL
Pro kg Fleisch am Stück 7 Tage lang einreiben und damit dann im eigenen Flüssigen oder in einer Lake einlegen und ebenso lange durchbrennen.

Trockenbeizmischungen – mal ganz anders

Was die salzlose Marinade beispielsweise für Heißgeräuchertes ist, ist die fein gewürzte „Salzbeize“ für den Warm- und Kaltrauch. Nicht umsonst werden viele Stücke danach benannt, wie etwa Wacholderschinken. Einfach die Zutaten vermengen – fertig.

Die folgenden Mischungen sind für ca. 500 g Räuchergut ausgelegt.

CLASSICA
Für alle Arten von Fleisch und Fisch

1 EL Salz
1–3 g Salpeter (nur für Fleischiges)
2 EL trockener Wein rot oder weiß
1 Knoblauchzehe zerdrückt
1 TL brauner Zucker
je ½ TL Muskat, Piment, Nelke
1 TL Wacholderbeeren zerdrückt
je 1 EL Petersilie und Schnittlauch gehackt

PICANTE
Mit leichter Knoblauchnote

1 EL Kräutersalz
1–3 g Salpeter (nur für Fleischiges)
1 TL brauner Zucker
1 Knoblauchzehe zerdrückt
Saft und Schale von ½ Zitrone
je 1 Msp. Pfeffer, Paprika edelsüß und rosenscharf, Curry, Zimt, Chili, Koriander

ITALIA
Der Süden lässt grüßen

1 EL Meersalz
1–3 g Salpeter (nur für Fleischiges)
1 Knoblauchzehe zerdrückt
je ½ TL Piment, Macisblüte
2 EL frische Salbeiblättchen
je 1 EL frischer Rosmarin, Oregano und Basilikum
je 1 TL Honig und Sherry

ESPRESSO
Mal ganz was anderes

je 1 EL Salz und Whiskey
1–3 g Salpeter (nur für Fleischiges)
1 Tasse Espresso
1 Knoblauchzehe zerdrückt
1 EL brauner Zucker
½ TL Limettenschale
Saft von ½ Limette
1–2 Spritzer Tabasco

GOURMET
Mit zartem Orangenaroma

1 EL Salz
1–3 g Salpeter (nur für Fleischiges)
je 2 EL Whiskey, Orangensaft und Thymian
je 1 TL Worchestershire-Sauce, Sojasauce und brauner Zucker
1 Knoblauchzehe zerdrückt

TANDOORI
Mit Indien-Touch

1 EL Salz
1–3 g Salpeter (nur für Fleischiges)
je 1 TL Ingwer gemahlen, Knoblauch und Zwiebel fein gerieben, Zitronensaft- und schale
je 1 Msp. Curry, Paprika edelsüß und Cayennepfeffer

SOLL'S NOCH MEHR SEIN?
Nehmen Sie einfach die Zutaten der Nassbeize oder Marinaden ab Seite 38 (ohne Salz) und ersetzen die dort angegebene Salzmenge durch 1 EL Salz + 1–3 g Salpeter (oder Nitritpökelsalz), lassen Sie zudem die Hälfte der flüssigen Anteile wie Sahne, Saft oder Wein weg – schon haben Sie tolle weitere Beizmischungen.

Salz und feine Kräuter für eine leckere Trockenbeize.

Lakebad/Nassbeize

Gemüse wird gern in Öl eingelegt, Wild in Buttermilch, Eier und Sauerbraten beispielsweise in eine Wein-Essig-Marinade, Hering und Fleisch in eine Salzlake, bestehend aus Flüssigem und Salz und weiteren Zutaten.

FAUSTREGEL FÜR GUT- UND LAKEMENGE
Rechnen Sie pro kg Gut entsprechend die gleiche Menge in l Lake.

WIE LANGE WIRD NASS GEBEIZT?
Fürs Nassbeizen rechnen Sie bei Fleisch pro cm Dicke des Einlegguts 24 Stunden im Lakebad. Oder anders gerechnet: pro Pfund gut 2–4 Tage Lakebad.

All dieses Vorgehen bezeichnet man als nass Einlegen, und, je nach Zutaten, als Marinieren oder im üblichsten Sinne Beizen (Salzen, Pökeln). Dabei werden die Stücke in ein sogenanntes Lakebad eingelegt, bis die Stoffkonzentration im Gut in etwa der Konzentration der Lake entspricht.

SO GEHT'S

- Stets säureresistente Gefäße aus Glas, Porzellan oder Chromstahl verwenden.
- Lake immer erst aufkochen und wieder abkühlen lassen.
- Kühlen Standort (Keller, Kühlschrank) wählen, am besten 4–8 °C.
- Gut komplett mit Lake bedecken (eventuell beschweren).
- Das Gefäß immer fliegensicher abdecken (Plastikfolie/Teller).
- Gut regelmäßig in der Lake wenden.
- Salzgehalt während der Badezeit nachmessen (Ei- oder Kartoffeltrick) und eventuell nachsalzen.
- Gebeizte Stücke vor der Weiterverwendung gut abtrocknen oder abtropfen lassen.

KLEINE TRICKS
Mit einem **frischen Ei** kann man feststellen, ob der Salzgehalt in der Lake noch ausreichend ist: frisches, rohes Ei in die Lake legen. Wenn es in der oberen Hälfte bleibt, ist alles gut, wenn es bis zur Hälfte und noch niedriger einsinkt, muss mit Salz nachgerüstet werden. Dazu die Gesamtmenge der Lake auswiegen, davon $1/5$ neu ansetzen mit dem dreifachem Salzgehalt der ursprünglichen Lake, aufkochen und abkühlen lassen, dann beide Laken zusammengießen.
Mit einer **Kartoffel** messen Sie ebenfalls den Salzgehalt der Lake: Eine Kartoffel schälen, Wasser in ein Gefäß geben, Kartoffel ins Wasser legen und Salz einrühren. Die richtige Salzmenge ist erreicht, wenn die Kartoffel an der Oberfläche schwimmt.

Zum Nassbeizen zählt auch das **Einspritzen**: Hierbei wird die Lake direkt in das Einlegegut hinein injiziert, dadurch verkürzt sich die Zeit etwa um ein Drittel. Beim **Poltern** wird zusätzlich nach der Injektion noch mechanisch geknetet und gewalkt, damit sich die Flüssigkeit gut verteilt. Die Pökelzeit bleibt wie beim Einspritzen.

Gewürze und Kräuter geben einen guten Geschmack.

Feine Nassbeizmischungen

Ob Sie dafür Blüten, Kräuter, Exotisches, Früchte, Tee oder Alkoholisches verwenden, diese Mischungen stimmen! Einfach die Zutaten vermengen – fertig.

Die folgenden Mischungen sind für ca. 1 kg Räuchergut ausgelegt.

LAKE CLASSIC

Für dicke Schinken und dünne Fische

1 l Wasser
je 150 g Salz und brauner Zucker
5–7 g Salpeter
1 Lorbeerblatt
je 2 Wacholderbeeren und Nelken
½ TL Pfefferkörner
1 Prise Muskat
je 1 kleiner Zweig Rosmarin, Thymian und Majoran

KNOBLAUCH-BEIZE

Mit feinem Obstwasser

1 l Wasser
250 g Salz
50 g brauner Zucker
je 1 TL Pfefferkörner, Wacholderbeeren
1 Rosmarinzweig
2 Knoblauchzehen zerdrückt
1–2 EL Obstwasser

ROTWEINLAKE

Für kräftigen Geschmack

je ½ l Wasser und trockener Rotwein
150 g Salz
200 g brauner Zucker
6 g Salpeter
je ½ TL Pfefferschrot, Muskat, Piment und Nelken
1 Knoblauchzehe zerdrückt
je 1 Zweig Rosmarin und Thymian

SOLL'S NOCH MEHR SEIN?

- Nehmen Sie einfach die Zutaten der Trockenbeiz-Rezepte oder Marinaden ab Seite 35 bzw. Seite 40 ohne die Milchprodukte und mischen Sie diese entsprechend mit Wasser und weiterer Salzzugabe an – schon haben Sie noch mehr tolle Ideen für Nassbeizen.
- Auch eine Lake aus Blüten ist möglich. Probieren Sie es einfach mal aus: Nehmen Sie einige verschiedene Blüten (z.B. Lavendel, Orange, Holunder, Rose, Malve) und kochen Sie diese als Tee oder legen sie mit in die Lake ein.
- Auch das ist eine einfache Methode, um Fleisch zu beizen: mit etwas Salz, Zucker und einer winzigen Prise Salpeter einreiben, dann in Salz vergraben. Für 1 kg Masse benötigen Sie 80 g Salz, 20 g Zucker, 1 g Salpeter. Alles mischen, Fleisch mit der Hälfte der Menge einreiben (auch Löcher, verborgene Stellen), alles fliegensicher und kalt, gern um die 2–4 °C, stellen und dafür sorgen, dass Flüssiges abfließen kann (löchriger Boden, z.B. alte Eispackung mit reingebohrten Löchern). Rest der Salzmischung aufheben, mit der Hälfte davon nach 3 Tagen die gleiche Prozedur wiederholen, nach weiteren 7 Tagen nochmals. Danach mit lauwarmem Wasser abwaschen, abtrocknen, 10–14 Tage luftig trocknen lassen, dann eventuell noch räuchern.

Feines für die Beize: Getrocknete Blüten und Kräuter.

WEINLAKE MIT SALBEI

Für Gourmets und Kenner

je ½ l trockener Weißwein und Wasser
125 g Salz
50 g brauner Zucker
5 g Salpeter
1 Lorbeerblatt
2 Wacholderbeeren
je 1 Prise Piment, Nelken, Muskat
½ Handvoll frische Salbeiblätter

BIERLAKE MIT ORANGE

Ungewöhnlich und lecker

je 500 g dunkles Bier und Wasser
120 g Meersalz
75 g brauner Zucker
5 g Salpeter
je 3 Pimentkörner, Wacholderbeeren und Nelken
½ TL Pfefferschrot
1 EL Orangenmarmelade
½ Orange in Scheiben (ohne Schale)

KRÄUTER-APFELSCHALENLAKE

Mal was anderes

1 l Tee aus Kräutern (Berg- oder Küchenkräuter)
165 g Salz
50 g brauner Zucker
5 g Salpeter
je 3 Pimentkörner, Wacholderbeeren und Nelken
1 Handvoll frische Apfelschalen

Feine Marinaden

Sie geben unverwechselbares Aroma, feinen Geschmack und besonderen Pfiff. Eine gute Marinade ist daher bereits der beste Start fürs Räuchern. Lassen Sie sich inspirieren!

JE FEINER, DESTO WÜRZIGER
Marinaden werden besonders intensiv aromatisch und würzig, wenn die Zutaten mit dem Zauberstab zerkleinert werden.

APFEL-SCHWARZBIER-MARINADE

Passt gut zu Fleisch aller Art

je ½ geriebener Apfel und Zwiebel fein gehackt
je 4 EL Olivenöl und dunkles Bier
je 2 EL Schmand und fein gehackte Petersilie
je 1 EL Honig, Pfeffer- und Senfkörner

CHILI-INGWER-MARINADE

Scharf und lecker

2 kleine Schalotten gewürfelt
1 rote Chilischote fein gewürfelt
1 daumengroßes Stück Ingwer gerieben
Saft und Schale von 1 Orange
je 4 EL Olivenöl und Weißwein
je1 EL Teriyakisauce, bunte Pfefferkörner und Honig

Frische Kräuter verleihen Marinaden ein besonders feines Aroma.

ERDNUSS-ORANGEN-MARINADE
Asia-Feeling

je 2 EL Sojasauce, Erdnussbutter, Olivenöl und Orangensaft
je 1 TL Sambal Oelek, Orangenschale fein abgerieben, Knoblauch zerdrückt, Ingwer fein gerieben und Honig
je 1 Msp. Koriander, Kreuzkümmel und Piment

SHERRY-DILL-MARINADE
Klassisch für Fisch

1 Bund Dill fein gehackt
je 2 EL Limettensaft und Meerrettichsahne aus dem Glas, Schalottenwürfelchen und gutes Öl
je 1 TL Senf und Pfefferschrot
1 EL Honig
½ TL Limettenschale gerieben

JOGHURT-KRÄUTER-MARINADE
Mit würzigem Kräuteraroma

2 Handvoll grüne frische gemischte Kräuter
1 Becher Naturjoghurt
je 2 EL Sojasauce und Zwiebelwürfelchen
je 1 TL Senf, Schabzigerklee, zerstoßene Pfefferkörner, Bockshornkleesamen und Paprika edelsüß

ANANAS-SENF-MARINADE
Lecker für Fisch und Geflügel

3 EL Olivenöl
je 2 EL Sojasauce, Sherry und Himbeeressig
100 g Ananas aus der Dose fein püriert
2 Knoblauchzehen zerdrückt
1 EL Ingwer gerieben
½ TL Sambal Oelek
1 TL Senf

ORANGEN-KAKAO-BOHNEN-MARINADE
Für Rind und Wild

4 EL Olivenöl, Saft und Fleisch von 2 Orangen
Schale von ½ Orange fein gerieben
2 EL Kakaobohnen zerstoßen
6 Nelken zerstoßen
1 EL Pfefferkörner zerstoßen
je 1 TL Vanillezucker und Zimt

SENF-APRIKOSEN-MARINADE
Young and wild

je 2–3 EL Teryakisauce, Aprikosenmarmelade und feines Öl
je 1 TL süßer Senf und weißer Balsamcio-Essig
je 1 EL frischer Rosmarin und Petersilie
2 Knoblauchzehen zerdrückt
1 TL Pfefferschrot

BUTTERMILCH-SHERRY-MARINADE
Fein für Wild

½ l Buttermilch
je 1 TL Senfsaat, Ingwer gerieben, Orangenmarmelade und Vanillezucker
je ½ TL Honig, Kardamon und Pfefferschrot
Saft und Schale von ½ Orange
je 2 EL frischer Estragon gehackt und Sherry

WARUM SOLLTEN MARINADEN KEIN SALZ ENTHALTEN?
Ist Salz in einer Marinade, kommt es durch Osmose zu starkem Flüssigkeitsentzug der eingelegten Teile. Das wiederum ist schlecht für das Aroma, da es dann nur schwer eindringen kann. Außerdem kann Fleisch dann trocken werden.

VERBENE-PFEFFER-MARINADE

Exotisch scharf und würzig

2-cm-Stück Ingwer fein gerieben
½ Zwiebel
½ Stängel Zitronengras fein gehackt
je 2 EL Olivenöl, Verbeneblättchen fein gehackt, Limettensaft und Schmand
1 TL Senf
je 1 EL brauner Zucker und grüne Pfefferkörner aus dem Glas
2–3 Spritzer Sojasauce

VANILLE-INGWER-MARINADE

Für besondere Geschmacksmomente

je 2 EL Naturjoghurt und Zwiebelwürfel
Saft von 1 Orange
1 TL Orangenschale fein gerieben
daumengroßes Stück Ingwer fein gerieben
Mark von ½ Vanilleschote
je 1 TL Senf und Sojasauce
je ½ EL Honig und Pfefferschrot

ZWIEBEL-TRÜFFEL-MARINADE

Für edle Genüsse

je 2 EL Trüffelöl und fein gehackte Schalottenwürfel
1 EL Noilly Prat
je 1 Msp. Muskat, Pfeffer, Piment und Nelke
1 TL Honig

BÄRLAUCH-TOMATEN-MARINADE

Schmeckt nach Italienurlaub

je 1 Handvoll getrocknete Tomatenstücken und Bärlauchblättchen fein gehackt
je 4 EL trockener Rotwein und Olivenöl
2 Knoblauchzehen zerdrückt
je 2 EL Schalottenwürfel, Senfkörner, Sojasauce und Orangensaft
1 Zweig Rosmarin
1 TL Pfefferkörner

LIMETTEN-KNOBLAUCH-MARINADE

Schmeckt zu allem

2 Knoblauchzehen, zerdrückt
Saft und Schale von 1 Limette
je 4 EL Olivenöl, Basilikumblättchen fein gehackt und Naturjoghurt
je 1 EL Honig, Senf und grüne eingelegte, zerdrückte Pfefferkörner
1–2 Spritzer Worcestershire-Sauce

Mit verschiedenen Marinaden punkten – so wird's lecker!

AUS FLÜSSEN UND MEEREN

Fisch will dreimal schwimmen, in Wasser, Schmalz und Wein, so lautet eine alte Küchenweisheit. Das Gleiche gilt indes für alles aus Flüssen und Meeren. Doch beim Räuchern können Sie auf Schmalz verzichten, und der Wein wandert einfach in die Beize!

Bevor's losgeht

Tiere aus Flüssen, Seen und Meeren schenken uns viel eiweißreiche Nahrung. Ob selbst gefangen oder gekauft – geräuchert schmecken sie ganz besonders lecker.

Welches Wassergetier eignet sich? An erster Stelle sei natürlich der Fisch genannt. Ein jeder ist für sich ein Genuss – egal ob aus Süßwasser geangelt oder aus salzigem Meerwasser kommend. Doch auch Meeresfrüchte schmecken geräuchert richtig lecker, ebenso Flusskrebse.

SO ERKENNEN SIE FRISCHEN FISCH:

- Riecht gut
- Glänzende Haut
- Klare Schleimhäute
- Kräftig rote Kiemen
- Klare Augen

Ab damit in den Rauch!

Hier eine kleine Übersicht:

Fisch – Süßwasser	Fisch – Salzwasser	Anderes Getier aus Gewässern
Forelle	Makrele	Muscheln
Hecht	Hering	Garnelen
Wels	Heilbutt	Krebse
Karpfen	Kabeljau	Krabben
Felchen	Scholle	Hummer
Barsch	Seezunge	Langusten
Egli	Barbe	Tintenfische
Zander	Steinbeißer	Flusskrebse
Aal	Thunfisch	Gambas

Ein tolles Essen: geräucherte Muscheln.

Der Lachs ist übrigens ein sogenannter Wanderfisch, er lebt im Meer und schwimmt zum Ablaichen in Süßgewässer. Beim Aal, ebenfalls ein Wanderfisch, geht es genau umgekehrt – er lebt in Süßgewässern und schwimmt zum Ablaichen ins Meer.

Wo kaufe ich ein?

Fisch angeln Sie am besten selbst, klar. Aber da das erfahrungsgemäß eher nicht der Fall sein wird, sollten Sie Fisch wenigstens direkt bei (Hobby-)Anglern, Fischhändlern vor Ort an Gewässern einkaufen, an Fischständen auf Wochenmärkten, in

Eine Delikatesse: Fisch frisch aus dem Rauch.

Naturkostläden oder in guten Supermärkten. Viele Firmen bieten Fisch auch übers Internet an – frischen ebenso wie TK-Ware. Egal welchen und wo und ob weiteres Getier aus Gewässern aller Art – Qualität und Haltung entscheiden, weswegen oft Bio-Fisch der Vorzug gegeben werden sollte. Fische aus ökologischer Haltung erhalten besseres Futter, ergänzt durch Fischfutter aus nachhaltig bewirtschafteten Fischereien. Sie haben zudem mehr Platz für Bewegung – hier werden die Vorschriften der EU-Bio-Verordnung zur ökologischen Aquakultur berücksichtigt. Dazu gehört auch das Verbot der Fütterung von Chemie, synthetischen Hormonen und Medikamenten. Sie sind am EU-Bio-Logo erkennbar.

GEHT AUCH

Statt frischen Fisch und Meeresfrüchte zu kaufen, können Sie fürs Räuchern auch auf TK-Ware zurückgreifen – am besten Bio-Ware aus ökologischer Haltung. Das ist gut für den Geschmack und das Gewissen.

Wie räuchern?

Meeresfrüchte und Fische aller Art können im Ganzen oder in Stücken geräuchert werden, alle Arten von Rauch sind dabei problemlos möglich. Alles eine Frage von Zeit, der Möglichkeiten (wie Ausrüstung) – und Ihrem Geschmackswunsch. Üblich ist dafür am ehesten die Heißräucherei, gelegentlich wird aber auch Fisch warm- oder kaltgeräuchert.

Sehr schleimige Fische sollten vor dem Räuchern entschleimt werden, indem sie mit etwas Salz kräftig abgerieben und abgespült werden. Fisch und Meeresfrüchte generell sollten, damit die Sache später nicht zu salzig schmeckt, zudem nach der Beizzeit gut abgespült werden, am besten mit leicht lauwarmem Wasser nicht über 20 °C, dann gut trocken getupft werden. Gut für den Geschmack: nochmals 2 Stunden an der Luft – fliegensicher – trocknen lassen.

Wenn Sie ein Stück Räuchergut „nur" marinieren wollen, suchen Sie sich eine feine Marinade ab Seite 40 aus oder nehmen Sie eine der Pökelmischungen, lassen das (Nitritpökel-) Salz und/oder Salpeter aber weg. Dann legen Sie es einige Zeit ein – und dann ab damit in den (Heiß-)Rauch. Für weitere Ideen finden Sie auf den nachfolgenden Seiten Inspiration.

OPTIMALE LAGERUNG

Fisch und alles weitere Getier aus Flüssen, Seen und Meeren sollten Sie idealerweise erst am Tag der Zubereitung kaufen. Bewahren Sie diesen nicht in der Verpackung, sondern in einer Porzellanschale o.Ä. auf, am besten auf Eis oder Kühlakkus (die ideale Lagertemperatur für Fisch und Meeresfrüchte liegt zwischen –2 und 0 °C) und mit einer Folie abgedeckt. So müsste sich Ihr Räuchergut notfalls auch 1–2 Tage lagern lassen.

Schnell und kalt gerührt: Saucen

Chili-Cheese-Cream.

Die Sauce ist der Triumph des Geschmacks in der Kochkunst. Das behauptete jedenfalls einst der französische Philosoph und Romanautor Honoré de Balzac (1799–1850). Und er hat ja irgendwie Recht …

HONIG-DILLSAUCE

Klassisch skandinavisch

1 Bund Dill gehackt
1 (möglichst) tagesfrisches Eigelb
4 EL gutes Öl
je 1 EL Honig, Weinessig, süßer und scharfer Senf

- Alle Zutaten verrühren und kalt stellen

APFEL-MEERRETTICH-SCHMAND

Schmeckt gut zu Fisch

100 g geriebener Apfel
je 2 EL Schmand und Zwiebelwürfel
1 EL Zitronensaft
je 1 TL Senf, Curry und Sherry
1 Spritzer Worcestershire-Sauce
Salz und Pfeffer

- Alle Zutaten verrühren und kalt stellen

COCKTAILSAUCE

Adelt nicht nur den Krabben-Cocktail

je 2 EL Mayonnaise, Tomatenmark und Kognak
je 1 EL Zitronensaft und Zucker
1 TL Senf
2–3 Spritzer Tabasco

- Alle Zutaten verrühren und kalt stellen

BESCHWIPSTE SAUCE

Wunderbare Fleischergänzung

1 TL Rauchsalz
je 1 Msp. Paprikapulver edelsüß und rosenscharf, Pfeffer und Thymian
je 2 EL Whiskey, Ketchup und Balsamico-Essig
1 TL Olivenöl
1 Zwiebel fein gewürfelt

- Alle Zutaten verrühren und kalt stellen

PREISELBEERSCHAUM

Klassiker zu Forelle

6 EL Preiselbeerkompott
½ Becher Schlagsahne
1 TL Sahnesteif
je 3 EL Orangensaft und Sahnemeerrettich
1–2 EL Kognak
1 TL Orangenschale fein gerieben

- Sahne mit Sahnesteif schaumig aufschlagen
- Alle Zutaten vorsichtig untermischen und kalt stellen

GUACAMOLE

Vegan und gesund

4 reife Avocados geschält und entkernt
Saft von 1 Limette
1 rote Chilischote fein gehackt
2 Tomaten in feinen Würfelchen
1 Knoblauch zerdrückt
1 EL Schalottenwürfelchen
je ½ TL Salz und Pfeffer
1–2 Spritzer Tabasco

- Alle Zutaten verrühren und kalt stellen

SENFCREME

Milder als Senf pur

1 Becher Crème fraîche
je 1 EL Tomatenmark, Zitronensaft und Senf
1 TL Honig, Salz und Pfeffer

- Alle Zutaten verrühren und kalt stellen

SAUCE TATAR

Passt zu fast allem

4 EL Mayonnaise
je 2 EL Naturjoghurt und Senf
je 1 EL pürierte Kapern und fein gehackte Cornichons
je 1 EL Zwiebelwürfel, frische gehackte Blättchen von Estragon, Kerbel und Petersilie

- Alle Zutaten verrühren und kalt stellen

KNOBLAUCHSAUCE

Altes Kneipenrezept aus Celle

10 Knoblauchzehen zerdrückt
je 2 EL Naturjoghurt, Schmand, Sahne, Mayonnaise, weißer Balsamico-Essig und Zitronensaft
1 EL Zucker
½ Tasse Milch
Salz und Pfeffer

- Alle Zutaten verrühren und kalt stellen

HAMBURGER SAUCE

Topping für Burger

2–3 Gürkchen püriert
1 Handvoll Röstzwiebeln
4 EL Mayonnaise
2 EL Frischkäse oder Schmand
1 EL Senf
1 TL Curry, Salz und Pfeffer

- Alle Zutaten verrühren und kalt stellen

MEIN TIPP

Wer die Hamburger Sauce besonders fein mag, streicht die pürierte Masse vor dem Abfüllen und Abbinden noch durch ein Sieb.

CHILI-CHEESE-CREAM

Etwas für Gourmets

1 Packung Schmelzkäse
100 g Cheddar gerieben
2 rote Chilischoten fein gewürfelt
je 4 EL Schmand und Sahne
1 TL Chiligewürz
je 1 Msp. Salz und Cayennepfeffer

- Alle Zutaten verrühren und kalt stellen

CHIMICHURRI

Argentinische Spezialität

1 große Zwiebel fein gewürfelt
2–3 Knoblauchzehen zerdrückt
1 Lorbeerblatt fein zerbröselt
je 4 EL fein geschnittene glatte Petersilie sowie grüne Chili- und Paprikawürfel
je 2 EL weißer Balsamico-Essig und feines Öl
je 1 EL gerebelten Thymian und Oregano
1 TL Pfefferschrot
½ TL Salz

- Alle Zutaten verrühren und kalt stellen

RUSSISCHE SAUCE

New York Kult auf Pastrami-Burger

½ Becher saure Sahne
4 EL Mayonnaise
je 2 EL Ketchup, glatte gehackte Petersilie und Dillgürkchen fein gewürfelt
1 EL Zwiebelwürfelchen
je ½ TL Senf und Salz
je einige Tropfen Tabasco und Worchestershire-Soße
optional für wahres Russland-Feeling zusätzlich: je 1 TL Kaviar, gekochte Rote Bete-, frische Chili- und Paprikawürfelchen

- Alle Zutaten verrühren und kalt stellen

KRÄUTER-AIOLI

Fürs Italien-Feeling

6 Knoblauchzehen
1 (möglichst tagesfrisches) Eigelb
100 ml Olivenöl
je 1 TL Salz, Zucker, Orangensaft und heller Essig
je 1 EL frische gehackte Blättchen Salbei, Basilikum, Oregano und Schnittlauch
je 1 Msp. Pfeffer und Orangenschale

- Eigelb mit Orangensaft und -schale, Salz und Essig verrühren
- Tropfenweise Öl dazugeben und kräftig rühren (geht am besten mit dem Pürierstab)
- Knoblauchzehen abpellen, Kräuter verlesen, beides dazugeben und pürieren
- Mit Zucker und Pfeffer abschmecken, kalt stellen

Fische und Meeresfrüchte räuchern

Fischers Fritze fischt frische Fische. Frische Fische fischt Fischers Fritze … ein deutscher Zungenbrecher, wie man ihn schon als Kind gelernt hat! Ein Zungenschmeichler indes ist jedes der nachfolgenden Rezepte!

RAUCH-MATJES

Feine Kost von der Küste

Für 4 Matjesfilets
Beize: je ½ l Weißwein trocken und Wasser, 80 g Meersalz, 1 EL Ahornsirup, je 2–3 Pimentkörner und Wacholderbeeren, 2 Nelken, 1 Lorbeerblatt, 1 Estragonzweig und ½ TL Pfefferkörner

- Beize mischen, aufkochen und abkühlen lassen, Filets über Nacht darin beizen
- Abwaschen, abtupfen, 1–2 Stunden lufttrocknen lassen
- Heiß räuchern

DAZU SCHMECKT …
Lecker mit Pellkartoffeln, Röstzwiebeln und Kräuterschmand.

SAHNEFISCH

Einfach und sehr gut

Für 4 Fischfilets (z.B. Lachs, Wels oder Seelachs)
Beize: 4 TL Honig, Salz und Pfeffer
je 4 EL flüssige Butter, Whiskey und Schmand
4 Msp. Fenchelpollen

- Honig, Salz und Pfeffer mischen, Fischfilets damit einpinseln, 1 Stunde kühl stellen
- Gut abspülen und gut abtrocknen, 1–2 Stunden lufttrocknen lassen
- Heiß räuchern
- Flüssige Butter, Whiskey, Schmand und Fenchelpollen mischen
- Sofort nach dem Räuchern die Fischfilets damit bestreichen

FISCHERS FEINE

Fürs Sonntagsfrühstück und mehr

Für 4 Forellen
Beize: 1 l Wasser, 75 g feines Salz (z.B. Steinsalz), je 2–3 Pimentkörner und Wacholderbeeren, 1 Rosmarinzweig und ½ TL Pfefferkörner

- Beize mischen, aufkochen und abkühlen lassen, Filets über Nacht darin beizen
- Abwaschen, abtupfen, 1–2 Stunden lufttrocknen lassen
- Heiß räuchern

RICHTIG FISCH AUFTAUEN
Am besten geht's über Nacht im Kühlschrank, in einer Schale mit viel Leitungswasser. Morgens die Fische gut abspülen und in die Beize geben.

Fenchelpollen sorgen für gutes Aroma.

Fisch im Zedernblatt geräuchert.

LACHS IM FENCHELDUFT

Eine kulinarisch-aromatische Verbindung

Für 4 Lachsfilets
Beize: je 1 EL Salz und Fenchelsamen, je 1 EL Honig, Öl und Pfefferschrot

- Zutaten der Beize mischen, Filets damit von beiden Seiten bestreichen
- Stücke aufeinander legen, fest in Alufolie wickeln und 12 Stunden ziehen lassen
- Stücke abspülen und trocken tupfen, 1–2 Stunden lufttrocknen lassen
- Heiß räuchern

DAS SCHMECKT AUCH ...

Geben Sie statt Fenchelsamen Blüten in die Beize.

THAI-FISCH

Exotisch und scharf

Für 4 Fischstücke (z.B. Seelachs, Karpfen oder Hecht)
Beize: je 1 EL Salz, Ananassaft, Zwiebelwürfel und fein gehacktes Basilikum, je 1 Msp. Curry, Pfefferschrot, Wasabipulver und Honig

- Alle Zutaten mischen, Fischstücke 24 Stunden darin trocken beizen
- Gut abspülen und trocken tupfen, 1–2 Stunden lufttrocknen lassen
- Heiß räuchern

PFEFFER-STREMELLACHS

Mit dem gewissen Extra

Für 4 Lachsstücke
Beize: je 2 EL Salz und Honig
1 EL Speiseöl
Pfefferschrot

- Honig und Salz verrühren, Lachs 24 Stunden darin trocken beizen
- Gut abspülen und trocken tupfen, 1–2 Stunden lufttrocknen lassen
- Dünn mit Öl bepinseln und in Pfefferschrot wälzen
- Heiß räuchern

DAS SCHMECKT AUCH ...

Statt Pfefferschrot nehmen Sie fein gehackte Schalottenwürfel, Chilistückchen und Blauschimmelkäse oder bepinseln die Filets mal mit „beschwipster Sauce“ (Seite 50).

VANILLE-MAKRELE

Mit besonderem Pfiff

Für 4 Makrelen
Beize: 1 l Wasser, je 2 EL Salz und brauner Zucker, je 2 Wacholderbeeren und Nelken, je ½ TL Pfefferkörner und Zwiebelsamen (Asialaden), je 1 Prise Muskat und Piment, Mark von ½ Vanilleschote

- Beize kochen und abkühlen lassen, Makrele über Nacht darin beizen
- Gut abspülen und trocken tupfen, 1–2 Stunden lufttrocknen lassen
- Heiß räuchern

KÖNIGSBERGER FISCH-STREIFCHEN

Ostpreußische Spezialität

Für 4 Fischfilets
Beize: Saft von 1 Zitrone, 1 TL gerebelte grüne Gewürze wie Estragon, Petersilie, Oregano, 1 EL Meersalz, je 1 TL Pfefferschrot und Zitronenschale, 1 Knoblauchzehe zerdrückt

- Lachs in 2 cm breite Streife schneiden, Beize mischen und in eine Tüte geben
- Stücke darin 2–3 Stunden beizen
- Gut abspülen, trocken tupfen, 2 Stunden lufttrocknen lassen
- Warm räuchern

SEUTE DEERN

„Süßes Mädchen" – ostfriesische Rezeptur

Für 4 Rotbarschfilets
Beize: 2 TL Salz, je 1 TL Pfefferkörner zerdrückt, Schmand, Senf, Curry, Honig und Orangenmarmelade
4 Räucherblätter
Wasser und Korn zum Einweichen

- Beize mischen
- Fischfilets damit einpinseln, 1 Stunde kühl stellen
- Gut abspülen und gut abtrocknen, 1–2 Stunden lufttrocknen lassen
- Räucherblätter in einer Mischung 1:1 aus Wasser und Korn wässern, Filets darin einwickeln
- Heiß räuchern

SO HÄLT DER FISCH IM RAUCH

Nicht jeder hat stets Haken zum Aufhängen zur Hand. Aber so geht's auch: Zahnstocher zweimal durch die Haut oder das Fleisch pieksen, Schnur drumlegen, Fisch aufhängen!

Garnelen frisch aus dem Rauch.

KNOBLAUCH-AAL
Aal mal ganz anders

Für 4 Aal-Stücke
Beize: je ½ l Wasser und Weißwein trocken, 75 g Salz, je 2 zerdrückte Wacholderbeeren und Knoblauchzehen, je 1 EL Honig, Zwiebelwürfel und Petersilie

- Beize aufkochen und abkühlen lassen, Aalstücke 2 Stunden beizen
- Gut abspülen und trocken tupfen
- Warm räuchern

VARIATIONEN

Statt Knoblauch und Wacholderbeeren:
- 1 TL gemahlener Ingwer und 2 Orangenfilets
- 2 EL geriebene Birnen und 1 Beifußzweig
- je 1 TL Thymian und Zitronenschale

Statt Wein und Honig:
- je 1 TL und Gerstenmalz und Ahornsirup
- 1 Glas Schwarzbier und 1 TL Vanillezucker
- 2 EL Sherry und 1 EL Oregano

STEINBUTT IN KORIANDERWEIN
Schmeckt nach Wind und Meer

Für 4 Steinbutts
Beize: je 500 g trockener Weißwein und Wasser, 125 g Salz, 50 g brauner Zucker, 5 g Salpeter, 1 Lorbeerblatt, je 1 Prise, Piment, Nelke und Muskat, 1 EL Korianderkörner zerstoßen

- Beize kochen und abkühlen lassen, Fisch über Nacht darin beizen
- Gut abspülen und trocken tupfen, 1–2 Stunden lufttrocknen lassen
- Warm räuchern

ASIA-GARNELEN
Exotisch edel

Für 8 Riesengarnelen, Scampi oder Gambas
Beize: je 1 EL Weißwein trocken, Tomatenketchup, Sojasauce und Senf, je 1 EL Salz und Ahornsirup, je 1 TL Curry und Pfefferkörner

- Beize mischen, Garnelen einlegen, 1–2 Stunden ziehen lassen
- Abspülen, gut abtropfen lassen
- Heiß räuchern

CHILI-AUSTERN

Scharf und edel

Für 8 Austern
Beize: ¼ l Weißwein, ¾ l Wasser, 75 g Meersalz, ½ TL Cayennepfeffer und 1 frische rote Chilischoten in feinen Würfeln, 2 EL Schalottenwürfel

- Austern kurz mit kochendem Wasser überbrühen und 10 min ziehen lassen, aus der Schale lösen
- Beizen aufkochen, wieder abkühlen lassen, Austern 1 Stunde beizen, abspülen
- Heiß räuchern

WEITERE MUSCHELMARINADEN

Nach Burgunder-Art: je 4 EL Schalottenwürfel und trockener Rotwein, je 2 EL Cassis, Traubenkernöl, Balsamcio-Essig, Thymianblättchen, Honig und Zitronensaft, je ½ TL Salz und Pfefferschrot
Nach Normannen-Art: je 4 EL Schnittlauchröllchen und trockener Cidre, je 2 EL Apfelsaft, Sonnenblumenöl, Sojasauce, Balsamico hell, Knoblauch zerdrückt und Ahornsirup, je ½ TL Salz und Pfefferschrot
Nach provencalischer Art: je 4 EL rote Zwiebelwürfelchen und Roséwein, je 2 EL Orangensaft und Orangenöl, Aprikosenessig, Ingwer gerieben, Lavendelblüten und brauner Zucker, je ½ TL Salz und Pfefferschrot

EINE FRAGE DES PERSÖNLICHEN GESCHMACKS

Sind Ihnen die in den Rezepten vorgegeben Gewürzmengen zu viel oder zu wenig? Finden Sie etwas zu scharf? Zu fad? Zu salzig? Zu süß? Haben Sie eine Zutat gerade nicht im Haus? Kein Problem! Die in den Rezepturen angegebenen Mengen können jederzeit etwas abgewandelt werden. Wenn Sie eine besondere Currynote haben wollen, geben Sie davon einfach etwas mehr dazu. Sie lieben Bärlauch? Es darf auch etwas mehr sein. Sie mögen Nelke nicht? Probieren Sie es mit Piment – oder lassen Sie es einfach weg. Macisblüte ist ausgegangen? Muskat ist auch okay. Zu viel Zucker für Ihren Geschmack? Nehmen Sie etwas weniger davon. Alles eben eine Frage des persönlichen Geschmacks …

RÄUCHER-MUSCHELN

Muscheln mal ganz anders genießen

Für 1 kg Miesmuscheln
Beize: ¼ l Weißwein, 1 TL Meersalz und Pfefferschrot, 3 EL Zwiebelwürfel, je 1 EL Zitronensaft und Petersilie

- Muscheln waschen, Beize aufkochen und abkühlen lassen, mit der Beize mischen
- 1 Stunde ziehen lassen, dann abwaschen und abtropfen lassen
- Heiß räuchern

DAS SCHMECKT AUCH …

2 Handvoll geräucherte Muscheln, Garnelen und Lachsstreifen mit 500 g (trocken) frisch gekochten Spaghetti mischen, dazu je 2 EL Schmand, gehackte Basilikumblättchen (oder Schnittlauchröllchen), geröstete Pinienkerne und Parmesan gerieben, je 1 Handvoll Cocktailtomaten und Champignonscheibchen (oder Rucola klein geschnitten) geben, alles mischen, mit Salz und Pfeffer abschmecken.

Von Nordamerika bis Skandinavien beliebt: Fisch frisch geräuchert vom Brett.

DER BESONDERE FISCH

Auf dem Holzbrett geräuchert

4 Fischfiletstücke
(am besten Lachs)
4 (Zedern-) Holzbretter
Optional: 4 EL Whiskey
Marinade: je 1 EL Salz, brauner Zucker, Sojasauce und Öl, Schale von einem Apfel fein gehackt, ½ TL Pfefferschrot

- Zedernholzbretter 1 Stunde in Wasser legen, optional 4 EL Whiskey dazugeben, beschweren
- Marinade mischen, Fisch damit bestreichen, 1 Stunde marinieren
- Lagerfeuer entfachen, Grill (mit Deckel) anwerfen oder Wok entsprechend mit Alufolie und Holzmehl vorbereiten
- Holzbretter abtropfen lassen, kurz übers Feuer, auf den heißen Grill oder in den heißen Wok legen, Grill oder Wok schließen, nach 1 min Bretter umdrehen
- Filets darauflegen, fürs Räuchern am Feuer Filets festnageln oder festbinden und die Brettchen schräg am Feuer hinstellen, sodass sie immer einen Hauch Rauch abbekommen

AUS DEM BAUMARKT ODER VOM TISCHLER?

Keine Angst um die – zugegeben – recht teuren Brettchen aus dem Baumarkt o.Ä. Aber ein wenig Kokeln gehört dazu und Sie können diese ja trotzdem mehrfach verwenden, bis sie sozusagen weggebrannt sind. Und die Sache funktioniert auch, wenn der Fisch auf ein trockenes und unbehandeltes Holzbrett genagelt wird – und Tischler geben für wenige Euro gerne eine Holzscheibe jedweder Größe ab!

Geräucherte Fischwurst

Wurst aus Fleisch – klar, das kennt jeder. Aber warum gibt es hierzulande kaum feine Fischwurst und schon gar nicht geräuchert? An den Küsten hat man diese Delikatesse längst entdeckt – probieren Sie selbst, Sie werden staunen!

Die Herstellung einer Fischwurst ist gar nicht so einfach und dafür gibt es gleich mehrere Gründe.

Zum einen muss für Wurst das Material grätenfrei sein, was voraussetzt, das man Filets verwendet, die im Vergleich zum Fleisch sehr teuer sind. Weitere Gründe sind die mangelnde Bindefähigkeit von Fischfleisch mit Wasser und die Anfälligkeit von Fischfett – es wird in Verbindung mit Luft relativ schnell ranzig. Für die gute Konsistenz einer Wurst benötigt man zudem viel bindegewebehaltiges Fleisch. Doch genau davon hat Fischfleisch nur sehr wenig.

Die Japaner machen es uns jedoch vor: Dort gibt es Wurst aus Fisch an jeder Ecke. Aber auch hierzulande haben einige den Mangel erkannt. Fischwurst ist besonders in Norddeutschland auf dem Vormarsch! Probieren Sie es selbst aus, wie lecker geräucherte Fischleberwurst und Fischbratwürstchen schmecken!

RÄUCHER-DORSCHLEBERWURST

Fisch einfach aufs Brot geschmiert

200 g Fischleber
je 1 EL Zitronensaft, Butter und Schmand
je 2 EL Weißwein, gehackte Pinienkerne, Schalottenwürfelchen, Frühlingszwiebeln in Röllchen
1 TL Majoran, Salz und Pfeffer

- Leber heiß räuchern
- Schalotten und Frühlingszwiebeln anbraten, mit Zitronensaft und Wein ablöschen
- Masse kalt werden lassen
- Pinienkerne ohne Fett rösten
- Leber, Kerne, Majoran, Butter und Schmand mischen, alles fein pürieren
- Mit Salz und Pfeffer abschmecken

FISCHBRATWÜRSTCHEN GERÄUCHERT

Grillspaß mal anders

1 kg Fischfilet
200 g Schweinebauch
1 TL Petersilie
je ½ TL Pfeffer, Piment, Kardamom, Macisblüte, Muskat und Chili
je 1 TL Majoran und Petersilie möglichst frisch gehackt
2 EL Zwiebelwürfel
1 TL Butter
2 EL Semmelbrösel
20 g Nitritpökelsalz

- Filets und Bauch anfrieren, zweimal wolfen
- Zwiebelwürfel in Butter andünsten, wolfen
- Alle Zutaten mischen und 5 min kräftig durchkneten, eventuell pürieren
- Erneut anfrieren, abfüllen und abbinden
- Kalt räuchern

Fischwurst – eine nordische Delikatesse.

Leckeres mit Räucherfisch

Wie Fisch und Co. geräuchert werden, das wissen Sie nun, aber was macht man Leckeres damit – außer einfach nur auf ein Butterbrot legen, abbeißen und genießen? Hier finden Sie Ideen, die überraschen und überzeugen!

RÄUCHERFISCHMAYO

Ganz besonders delikat

1 (möglichst tagesfrisches) Eigelb
1–2 TL Zitronensaft (oder Obst, trockener Weißwein)
125 ml gutes Pflanzenöl
½ TL brauner Zucker
je 1 Prise Piment, Estragon, Salz und Pfeffer
2 EL Räucherfisch
eventuell 1 Spritzer Maggi und 1 Msp. Senf

- Eigelb, Zucker und Zitronensaft in eine hohe schmale Rührschüssel geben
- Zauberstab ansetzen (oder mit dem Schneebesen kräftig rühren, dauert etwas länger) und nach und nach das Öl zugießen
- Fisch dazugeben, mit den Gewürzen abschmecken, abfüllen und abbinden, beschriften

DAS SCHMECKT AUCH …

Light-Version: mit 2 EL Naturjoghurt mischen

Gourmetpaste: mit zusätzlich 1 TL Estragon, einem Spritzer Worchestershire-Sauce und etwas Limettenschale abschmecken

Scharfe Variante: mit Chiliflocken, Curry und etwas Tabasco aufpeppen

Selbst gemachte Mayonnaise – geht ganz einfach.

RÄUCHERFISCH-HOLLANDAISE

Passt zu Spargel und Kartoffeln

Für eine Weinreduktion: 125 g Räucherfischfilet gemischt (z.B. Aal, Forelle, Lachs oder Makrele), 100 g Schalotten, 400 ml Weißwein, 1 Estragonzweig, je 1 TL Pfeffer- und Senfkörner

- Filethäute und Schalotte grob würfeln, mit allen weiteren Zutaten aufsetzen
- Köcheln lassen, bis die Flüssigkeit zur Hälfte reduziert ist
- Durch ein Sieb passieren, Reduktion auffangen

Für die Hollandaise: Weinreduktion, die Fischfilets, 200 g Butter, 1 Bund Kerbel, 4 Eigelb, Salz, Cayennepfeffer

- Fischfilets fein würfeln, Kerbel hacken, Butter schmelzen
- Weinreduktion mit den Eigelben im warmen Wasserbad schaumig aufschlagen
- Nach und nach die flüssige Butter dazugeben
- Kerbel untermengen, abschmecken, Filets vorsichtig unterheben

DAZU SCHMECKT …

Toll zu gedünstetem oder gekochtem Gemüse aller Art.

8X FEINE BUTTER

Maritime Vielfalt

Rezepte für jeweils 125 g Butter

Seeräuber: 4 EL Aal geräuchert und fein gehackt, Limettensaft, glatte Petersilie und Schmand, ½ TL Limettenschale, je 1 Spritzer Honig und Tabasco, Salz

Blanker Hans: 4 EL Makrele geräuchert, je 2 EL glatte Petersilie und Zwiebelwürfelchen, je 1 EL Zitronensaft, Sojasauce, Sesamsaat und Chilischote in feinen Streifchen, Salz und Pfeffer

Leichtmatrose: ½ Schillerlocke, je 1 Msp. Curry, Muskat, Piment und Kardamom, je 1 EL Schlagsahne, Zitronensaft und frisch geriebener Ingwer, 1 TL Sambal Oelek, Salz und Pfeffer

Klabautermann: ½ Stremellachs, je 1 EL Preiselbeeren, Petersilie fein gehackt, Sahnemeerrettich und Zitronensaft, 1 TL Kognak, Salz und Pfeffer

Hafenliebchen: je 1 EL Krabben, geräucherte Muscheln, pürierte Nektarine, Naturjoghurt, je 1 TL Sherry, Honig und Zitronenschale, 1 Spritzer Worchestershire-Sauce, Salz, Pfeffer

Smutje: je 1 EL Rote Bete, Schmand und saure Gürkchen, je 2 EL Schnittlauchröllchen und geräucherte Matjes püriert, je ½ TL Honig, Meersalz und Pfefferschrot

Mon capitain: je 2 EL Shrimps und geräucherter Lachs, je 1 EL Tomatenmark und Noilly Prat, je 1 TL Estragon und Rahm, 1 Msp. Cayennepfeffer, Salz

Meerjungfrau: je 2 EL Räucherlachs und Schnittlauchröllchen, 1 EL Schmand, je ½ TL Senf, Zucker und grünes Pesto, 1 Frühlingszwiebel fein gehackt, Salz und Pfeffer

Für Tatar, Mousse und Co. sind Joghurt, Quark oder Schmand essenziell.

RÄUCHERFISCHMOUSSE

Fluffige Vorspeise, lecker auch nur mit Toast

1 Bund Dill
4 Blatt weiße Gelatine
450 g Magerquark
50 g Meerrettichsahne
250 g geräucherte Fischfilets
Saft von ½ Zitrone
2–3 EL Wermut
1 Becher Sahne
1 EL rote Pfefferkörner
Salz und Pfeffer
Salatblätter

- Gelatine in kaltem Wasser einweichen
- Hälfte des Dills grob hacken
- Forellenfilets, Zitronensaft, Quark und Meerrettichsahne zusammen pürieren
- Gehackten Dill untermengen, mit Salz und Pfeffer abschmecken
- Wermut erwärmen, die ausgedrückte Gelatine darin auflösen und alles unter die Quarkmasse mischen.
- Sahne steif schlagen und vorsichtig unterheben
- Terrinenform mit dem restlichen Dill und den roten Pfefferkörnern auslegen, Mousse darauf verteilen, über Nacht fest werden lassen
- Mousse in Scheiben zerteilen, auf grünem Salat anrichten

RÄUCHERFISCH-KLÖSSCHEN

Feines für den Suppenkasper

200 ml Milch
30 g Butter
1 TL Salz
60 g Grieß
6 EL fein gehackter Räucherfisch (oder Krabben, Scampi, Muscheln etc.)
1 Ei
je 1 Msp. Muskat und Pfeffer

- Aus Milch, Butter, Salz und Grieß einen Brei kochen, abkühlen lassen
- Restliche Zutaten untermischen, kleine Kugeln (Durchmesser ca. 1 cm) formen, 1 Stunde kalt stellen
- Kugeln in simmerndem Wasser ziehen lassen, sie sind gar, wenn sie nach oben steigen
- Mit der Schaumkelle ausheben, kurz abtropfen lassen, der gewünschten Suppe zugeben

RÄUCHERFISCHTATAR

Einfach mal zwischendurch genießen

500 g Räucherfisch fein gewürfelt
250 g gekochte Kartoffel fein gewürfelt
100 g Sellerie fein gerieben
1 Apfel gerieben
1 TL Curry
je 2 EL Naturjoghurt und Majo
Salz und Pfeffer
große Salatblätter und Toastbrot

- Zutaten verrühren, mit Salz Pfeffer abschmecken
- Auf mit Salatblättern belegtem Toastbrot anrichten

RÄUCHERFISCHSALAT MIT ROTE BETE UND SCHMAND

Mit vielen leckeren Zutaten

400 g Räucherfisch pur oder gemischte Sorten
1 Bund Dill
1 Becher Schmand
200 g gewürfelte Rote Bete
1 EL Zitronensaft
Salz und Pfeffer

- Fisch klein schneiden
- Dill fein hacken
- Alles mischen
- Mit Salz und Pfeffer abschmecken

DAS SCHMECKT AUCH ...

Statt Dill, Rote Bete und Schmand:
Walnüsse und Birnenstückchen: je 2 EL Mayo, Petersilie und Walnusskerne fein gehackt, je ½ Birne und Zwiebel fein gerieben, je 1 TL Schmand, Limettensaft und Honig, 1 Msp. Limettenschale gerieben, Kräutersalz und Pfeffer
Orangenmarmelade und Curry: je 2 EL Mayo, Naturjoghurt, grüne Kräutermischung und Haselnusskerne fein gehackt, ½ Zwiebel fein gerieben, 1 TL Orangenmarmelade, je 1 Msp. Senfpulver, Orangenschale gerieben und Curry, 1 Spritzer Tabasco, Salz und Pfeffer
Tomatenpaprika und Pinienkerne: je 2 EL Mayo, saure Sahne, Basilikumblättchen und geröstete Pinienkerne, 4 EL Tomatenpaprika aus dem Glas, ½ Zwiebel fein gerieben, 1 Msp. brauner Zucker, Salz und Pfeffer

RÄUCHERFISCH-RISOTTO

Nord trifft Süd

zwei Handvoll Rundkornreis
je 1 Handvoll Zwiebeln, Räucherfischstreifen und Pinienkerne
je 2 EL Öl, Schmand und fein gehackte Basilikumblättchen
je 4 EL Parmesan gerieben, getrocknete Tomaten sehr fein gehackt und Portwein
½ l Gemüsebrühe
Salz und Pfeffer

- Zwiebeln im Öl andünsten, Reis dazugeben, mit der Brühe ablöschen, nach und nach dazugießen
- Reis in 15 min weich kochen
- Räucherfischstreifen und Tomatenstückchen dazugeben, weitere 5 min köcheln lassen
- Pinienkerne in der Pfanne ohne Fett anrösten
- Kerne, Portwein, Schmand, Parmesan und Basilikum unterheben, mit Salz und Pfeffer abschmecken

GARUM

Römische Fischsauce

je 100 g rohe und geräucherte Fischteile, Meersalz, stilles Mineralwasser und trockener Weißwein
je 50 g Zwiebeln und eine Mischung aus Gewürzen und Kräutern nach Belieben (z.B. Knoblauch, Petersilie, Liebstöckel, Thymian, Basilikum, Senfsaat, Salbei, Pfefferkörner und Wacholderbeeren

- Fisch, Zwiebeln, Gewürze und Kräuter klein hacken
- Alles zusammen in ein Glasgefäß schichten, Flüssiges dazugeben und abdecken
- 4–6 Wochen an einem sonnigen Plätzchen möglichst warm (mindestens Zimmertemperatur) durchziehen lassen, täglich gut umrühren
- Flüssiges abgießen, in eine Flasche abfüllen und im Kühlschrank aufbewahren

RESTEVERWERTUNG

Die nach dem Abgießen zurückgebliebenen festen Bestandteile können Sie zu Würzpaste verarbeiten: pürieren und kühl in einem Schraubdeckelglas aufbewahren!

FLEISCH & CO.

„Ich sage, geräuchert ist der sechste Geschmack“, behauptet der amerikanische Kochbuchautor Edward Lee – und Recht hat er. Neben den fünf mittlerweile festgelegten gustatorischen Richtungen – süß, salzig, sauer, bitter und würzig – sollte in dieser Einteilung auch der einmalige Geschmack von Geräuchertem nicht mehr fehlen!

Bevor's losgeht

Fleischstücke fast aller Art sind fürs Räuchern wunderbar geeignet, Wild können Sie dafür genauso verwenden wie Geflügel und alle anderen Fleischsorten.

Geräuchertes Fleisch jedweder Art ist für viele der Inbegriff von Kulinarik. Spareribs, Pulled Pork und Beef Brisket sind der Inbegriff eines klassischen Barbecues in den Staaten – Gerichte, die im Heißrauch, oft einem speziellen Smoker, gegart werden, und von Fans ehrfürchtig als Holy Trinity (Heilige Dreifaltigkeit) bezeichnet werden. Geräuchertes schmeckt eben einfach – egal ob es sich dabei um besagte US-Klassiker, eine feine Geflügelbrust, das gute alte Bratwürstchen oder einen soliden Bauernschinken handelt.

Welches Fleisch nehme ich?

Zum Räuchern können Sie restlos alles nehmen: Schwein, Rind und Kalb, Lamm, Ziege, Geflügel, Hasentier, Pferd oder Wild – jede Fleischsorte hat ihren eigenen besonderen Geschmack, aber auch Alter, Geschlecht, Nährzustand und Art der Ernährung sowie die Tierhaltung spielen dabei eine wichtige Rolle. Man unterscheidet:

- Fleischsorten (Schwein, Ziege, Fasan)
- Fleischteile (Lende, Keule, Schulter)
- Fleischarten (Muskelfleisch, Fettgewebe, Beinscheibe)

In Europa finden Sie übrigens das Fleisch folgender Tiere am häufigsten auf den Speisekarten:

- Rotes Fleisch: Rind und Kalb, Schwein, Schaf und Lamm, Ziege, Pferd, Kaninchen
- Wildbret: Hirsch und Reh, Wildschwein, Hase
- Weißes Fleisch: Huhn, Pute (Truthahn), Gans, Ente, Taube
- Wildgeflügel: Wildente, Fasan, Perlhuhn, Rebhuhn, Wachtel, Schnepfe

Wo kaufe ich ein?

Im Supermarkt, Metzger, Jägerei oder Hofladen? Zwei Dinge vorweg:

- Es ist nicht entscheidend, wo Sie einkaufen, sondern was!
- Billiges und gleichzeitig gutes Fleisch gibt es nicht!

Vor allem in Supermärkten haben Sie oft eine große Palette von sehr günstigem bis sehr teurem Fleisch zur Auswahl, doch Vorsicht vor der Billigware: Dieses Fleisch stammt häufig von qualvoll gehaltenen und geschlachteten Tieren, da hilft auch das Bio-Siegel im Zweifel nicht viel. Vielleicht haben diese Tiere etwas mehr Platz und bekamen ökologisches Futter statt Medikamente und Hormone, doch die staatlichen Ansprüche sind insgesamt sehr niedrig (kleine Flächen, Futterzusatzstoffe, Verstümmelungen).

Das Bio-Siegel der Europäischen Union (weiße Sterne, Blatt auf grünem Grund) garantiert übrigens auch nur, dass bei der Haltung die Mindeststandards der EU-Öko-Verordnung eingehalten werden. Die strengsten Kriterien gibt es bei den Bio-Verbänden. Achten Sie beim Einkauf daher auf Fleisch aus Anbauverbänden!

Vieles spricht für den Einkauf bei regionalen Anbietern, egal ob es sich dabei um Handwerksbetriebe, Wochenmärkte, Züchter, Lebensmittel- oder Hofläden handelt. Fragen Sie nach Fleisch aus der Gegend! Vielerorts gibt es auch Listen bei den Stadtverwaltungen von Anbauverbänden, Züchtern oder Höfen mit Direktvermarktung.

Eine gute Alternative ist Wildfleisch. Es gehört noch zu den wenigen naturbelassenen Nahrungsmitteln unserer Zeit. Neben den bereits genannten Einkaufsmöglichkeiten werden Sie bei passionierten Jägern, den Wildbörsen im Internet und speziellen Wildhandelsgeschäften fündig. Doch egal, wofür Sie sich entscheiden, ein verantwortungsbewusster Fleischverkäufer achtet nicht nur auf gute Qualität, sondern hat die Lieferanten (sprich die Tiere, deren Fleisch uns als Nahrung dient) wohlwollend im Auge.

Bevor es nun endgültig losgeht: Fleisch kann sowohl heiß, warm als auch kalt geräuchert werden. Davor wird das Räuchergut noch vorbehandelt. Wenn Sie ein Stück Fleisch „nur“ marinieren wollen, suchen Sie sich eine feine Marinade ab Seite 40 aus und legen Sie es einige Zeit ein, dann ab damit in den Rauch. Ansonsten lesen Sie bitte noch mal in den Kapiteln übers Beizen, Pökeln und Durchbrennen nach (ab Seite 25) – dann dürfte bei Ihren Räucheraktionen eigentlich nichts schiefgehen!

WIE ERKENNE ICH GUTES BZW. FLEISCH MINDERER QUALITÄT?

Schlechtes Fleisch lässt sich an dessen Farbe und Festigkeit erkennen!

PSE-Fleisch: **P** = pale (zu blass), **S** = soft (zu weich) und **E** = exudative (zu wässrig)

DFD-Fleisch: **D** = dark (zu dunkel), **F** = firm (zu fest) und **D** = dry (zu trocken)

Gutes Fleisch hingegen muss fest sein und es darf keinen schmierigen Belag haben.

Fleisch und Geflügel räuchern

Ob zartes Geflügel, Schwein, Lamm oder Wild – hier finden Sie Leckeres aus dem Rauch mit teils ungewöhnlichen Zutaten und Rauchwerk, das Sie vielleicht überraschen mag. Aber auch Teeblätter und Apfelschalen eignen sich dafür.

FEINE ENTENBRUST

Auf Apfelschale geräuchert

Für 4 Entenbrüste
Beize: ½ Apfel fein gerieben, je 1 EL Salz, Zucker und Zwiebelwürfel 1 Lorbeerblatt zerbröselt, je ½ EL Curry und Macisblüte
pro Brust 1 TL Butter, Apfelmus, Honig und Calvados
Zum Räuchern: Apfelschalen getrocknet oder frisch

- Beize mischen, Brüste damit einreiben und über Nacht in Alufolie fest einwickeln
- Mit kaltem Wasser abspülen, trocken tupfen
- Heiß auf den Apfelschalen räuchern
- Derweil flüssige Butter, Apfelmus, Honig und Calvados mischen und auf den heißen Brüsten verteilen

HÜHNCHEN IM TEERAUCH

Feines Fleisch mit kräftigem Geschmack

Für 4 Hühnchenbrüste mit Haut oder 4 Schlegel
Beize: je 1 EL Salz und Honig, 1 Knoblauchzehe zerdrückt, 1 Lorbeerblatt zerbröselt, je ½ EL Paprika edelsüß und rosenscharf, Pfefferschrot, Curry, Kurkuma und Schabzigerklee, Butter
Zum Räuchern: Teeblätter

- Beize mischen, Hähnchenteile damit einreiben und über Nacht in Alufolie fest einwickeln
- Mit kaltem Wasser abspülen, trocken tupfen
- Heiß auf Teeblättern räuchern

ZITRONENWINGS

Wunderbares Fingerfood

Für 12 Hähnchenkeulen
Beize: 4 Knoblauchzehen zerdrückt, Saft von 2 Zitronen, je 1 EL Salz, Paprika rosenscharf und edelsüß, Honig und Senf, 4 Spritzer Worcestershire-Sauce, je 2 TL Balsamico-Essig, Zitronenschale und Pfefferschrot
je 3 EL Olivenöl und Semmelbrösel

- Beize mischen, mit der Hälfte der Menge die Chicken Wings gründlich einreiben, über Nacht fest in Alufolie einwickeln
- Mit kaltem Wasser abspülen, trocken tupfen, mit 2 EL Öl bepinseln, ringsherum anbraten
- Öl, Beize und Semmelbrösel mischen, Wings damit belegen
- Heiß räuchern

Zitronen sorgen für ein fruchtiges Aroma.

GERÄUCHERTE GÄNSEBRUST
Klassisch gut

Für 4 Gänsebrüste
Beize: 1 EL Kräutersalz, 1 TL Honig, 2 Lorbeerblätter zerbröselt, 6 Wacholderbeeren zerstoßen

- Beize mischen, Brüste damit gründlich einreiben
- In Vakuum packen (Tüte), pro cm Durchmesser 1 Tag pökeln
- Mit kaltem Wasser abspülen, trocken tupfen, Haut mit Schnur fest an das Fleisch binden, 2–4 Tage trocknen lassen
- Heiß räuchern

KRÄUTERPUTE
Feine Kräuter für die zarte Pute

Für ½–1 Putenbrust
Beize: 1 l Wasser, 80 g Pökelsalz, je 1 TL Senfsaat, Ingwer gemahlen und Vanillezucker, je ½ TL Kardamon und Pfefferschrot, Saft von 1 Orange, 1 TL Orangenschale, 2 Wacholderbeeren zerdrückt, 4 EL frischer grüne Kräuter fein gehackt

- Pro Zentimeter Durchmesser 1 Tag nass pökeln und genau so lang trocknen, dann 4 Tage durchbrennen lassen
- Pro cm Gutdurchmesser 10 min bei 130 °C im heißen Backofen vorgaren
- Kalt räuchern

SALBEI-FILET AUS DEM RAUCH
Mit feiner Salbeinote

Für 500 g Schweinfilet
Beize: je 1 EL Salz und Pfefferschrot, 4 EL fein geschnittene Salbeiblättchen

- Filet mit Salbei, Salz und dem Pfeffer einreiben
- Heiß räuchern

Italienische Grüße auf dem Tisch.

PULLED PORK UND BEEF BRISKET

US-BBQ-Kult

Für 1 kg Schweineschulter (Pulled Pork) oder Rinderbrust (Beef Brisket)
Beize: je ½ TL Pfeffer, Paprika rosenscharf und edelsüß, Chilipulver, Kreuzkümmel, Oregano gerebelt, je 1 TL Selleriesalz und brauner Zucker, je 1 Knoblauchzehe zerdrückt und Lorbeerblatt zerrieben, je 2 EL Zwiebelwürfel und gutes Öl
4 EL BBQ-Sauce

- Gewürze mischen, Fleisch einreiben und über Nacht in Alufolie fest einwickeln
- Stücke wieder auswickeln
- Heiß räuchern
- Nach dem Räuchern Pulled Pork mit BBQ-Sauce (Rezept siehe Seite 92), Beef Brisket indes mit Mops, einer typischen Mischung zu gleichen Teilen aus Essig (oder Bier), Apfelsaft, Sojasauce, Öl und Zucker, einpinseln

US-STYLE

Pulled Pork wird in den USA als Hamburger mit BBQ-Sauce, Coleslaw (Krautsalat) und Pommes frites gegessen.

GERÄUCHERTES CARPACCIO

Mit Italien-Feeling

Für 500 g sehr mageres Rindfleisch
Beize: je 2 EL Salz und trockener Rotwein, 1 Knoblauchzehe zerdrückt, 1 EL brauner Zucker, je 1 TL Pfefferkörner und Wacholderbeeren, Thymian und Rosmarin
Pro Portion: je 2 EL glatte Petersilie und Parmesanhobel, 1 EL gerösteten Pinienkernen je 1 TL Zitronensaft und Olivenöl, Salz und Pfeffer

- Beize mischen, Fleisch damit einreiben, 2 Tage fest in Alufolie einwickeln
- Mit kaltem Wasser abspülen, trocken tupfen
- Warm räuchern
- Hauchdünn aufschneiden und mit Zitronensaft und Olivenöl beträufeln, Petersilie, Pinienkerne und Parmesanhobel drüberstreuen, salzen und pfeffern

HIRSCH SCHWARZWÄLDER ART

Feiner Happen

Für 4 Hirschsteaks
Beize: 1 EL Rauchsalz, je ½ TL Senfmehl, Honig und Pfefferschrot, 1 Msp. Schabzigerklee (alternativ Liebstöckel), 2 Wacholderbeeren zerdrückt, je 2 EL Zwiebeln fein gerieben und Schwarzwälder Kirschwasser
Pro Steak: 1 TL Butter, Kirschmarmelade, Schwarzwälder Kirschwasser und Schmand

- Beize mischen, Steaks damit einpinseln, gründlich mit Beize einreiben und über Nacht in Alufolie fest einwickeln
- Mit kaltem Wasser abspülen, trocken tupfen
- Heiß räuchern
- Derweil flüssige Butter, Kirschmarmelade, Schwarzwälder Kirschwasser und Schmand mischen, über die heißen Steaks geben

CHILI-BRÜSTCHEN

Feurig-scharf

Für 4 Hühnerbrüstchen
Beize: 1 EL Salz, 1 TL Chiligewürz, ½ Tasse Apfelsaft, 1 Knoblauchzehe zerdrückt, je 1 Msp. Muskat und Nelke, je 1 TL Honig und Zwiebelsamen

- Beize mischen, Brüste damit einreiben und 12 Stunden in einer Tüte pökeln
- Mit kaltem Wasser abspülen, trocken tupfen
- Heiß räuchern

ORANGEN-RAUCH-REH

Etwas ganz Besonderes

Für 500 g Rehfleisch
Beize: 1 TL Salz, Curry, weißer Portwein, Ahornsirup und Orangenschale, je 1 Msp. Pfeffer, Thymian und Curry, Saft von ½ Orange

- Beize mischen, Fleisch in 6 Teile schneiden, gründlich mit Beize einreiben und über Nacht in Alufolie fest einwickeln
- Mit kaltem Wasser abspülen, trocken tupfen
- Warm räuchern

BANANEN-LAMM

Exotisch und lecker

Für 4 Lammsteaks
Beize: 1 l Wasser, 75 g Meersalz, je 1 TL Curry, Pfefferschrot und Orangenschale, je 1 EL rote Zwiebelwürfelchen und Ingwer frisch gemahlen
Pro Steak: je 1 EL Bananenmus und Butter, je 1 TL Schmand, Petersilie und Knoblauch zerdrückt

- Beize mischen, Steaks damit gründlich einreiben, in Vakuum packen, pro cm Durchmesser 1 Tag pökeln
- Mit kaltem Wasser abspülen, trocken tupfen
- Heiß räuchern
- Derweil Bananenmus mit flüssiger Butter, Schmand, Kräuter und Knoblauch mischen und auf den heißen Steaks verteilen

WAS TUN MIT DER BEIZE ODER PÖKELLAKE?
Pökellake, die über mehrere Tage benutzt wurde, müssen Sie verwerfen. Aber Beize, vermischt mit der ausgetretenen Flüssigkeit der Rauchware und nur 1–3 Tage alt, ist viel zu schade zum Wegkippen! Dem Geschmack entsprechend verdünnen, aufkochen, eventuell binden und als Süppchen genießen oder mit Saucenbinder und/oder etwas Sahne, Crème fraîche oder Schmand andicken, schon gibt's eine leckere Extrasauce!

Rippchen und Schinken räuchern

„Wer sein Handwerk versteht, der braucht wenig Geld und kocht trotzdem gut.“
Jean Baptiste Molière

SPARERIBS
Deftig gut

Für 1 kg Spareribs in 4–6 Stücken
Beize: je 3 EL Balsamico-Essig, Senf, Ahornsirup und Sojasauce, je 1 EL Worcestershire-Sauce und Tabascosauce, je 1 EL Rauchsalz und Pfefferschrot

- Beize mischen, Rippen damit einreiben und über Nacht in Alufolie fest einwickeln
- Mit kaltem Wasser abspülen, trocken tupfen
- Heiß räuchern

LAMMCARRÉES GERÄUCHERT
Lamm ganz fein

Für 4 Lammcarrées (alternativ Schweinekoteletts)
Beize: je 1 EL Olivenöl, Knoblauch zerdrückt und Honig, 2 EL Rosmarin, 1 TL Rauchsalz

- Beize mischen, Carrées auf Alufolie legen, gründlich mit Beize einreiben und über Nacht in Alufolie fest einwickeln
- Mit kaltem Wasser abspülen, trocken tupfen
- Heiß räuchern

LACHSFLEISCH-SCHINKEN
Fettarm und einfach lecker

Für 1 kg Lachsfleisch vom Schwein
Beize: 1 EL Nitritpökelsalz, je 1 TL Honig, Himbeeressig und Worchestershire-Sauce, je ½ TL Macisblüte, Piment-, Pfefferkörner und Wacholderbeeren zerdrückt, 2 Piri-Piri klein gehackt, je 1 Zweig Thymian und Rosmarin

- Beize mischen, Stück pro cm Durchmesser 1 Tag darin in Vakuum pökeln
- Beize danach gut abwaschen und Stück pro cm Durchmesser wiederum 1 Tag durchbrennen lassen
- Kalt räuchern

Lieblingsbrotbelag: geräucherter Schinken.

ESTRAGON-PUTEN-SCHINKEN

Mit feinem Estragon-Aroma

Für 1 kg Putenbrust
Beize: 1 l Wasser, 90 g Salz, je 1 EL Honig, Orangenschale und Ingwer fein gerieben, 4 Zweige frischer Estragon, 1 Knoblauchzehe in Scheibchen, 1 Lorbeerblatt, je 5 Pfefferkörner und Wacholderbeeren, 2 Pimentkörner, 2 EL Kirschwasser

- Beize mischen, Stück pro cm Durchmesser 1 Tag darin pökeln
- Beize danach gut abwaschen und Stück pro cm Durchmesser wiederum 1 Tag durchbrennen lassen
- Kalt räuchern

SALBEI-FILET

Mit feiner Salbeinote

Für 1 kg Schweinefleisch
Beize: je 1 TL Nitritpökelsalz und Pfefferschrot, 1 EL feine geschnittene Salbeiblättchen

- Beize mischen, Stück pro cm Durchmesser 1 Tag darin in Vakuum pökeln
- Beize danach gut abwaschen und Stück pro cm Durchmesser wiederum 1 Tag durchbrennen lassen
- Kalt räuchern

WILDSCHINKEN

Feiner Happen

Für 1 kg Wildfleisch
Beize: je 1 EL Nitritpökelsalz, Senfkörner, Bärlauch gerebelt und Pfefferschrot, 2 Wacholderbeeren zerdrückt, je 2 EL Zwiebelwürfel und Sherry

- Beize mischen, Stück pro cm Durchmesser 1 Tag darin in Vakuum pökeln
- Beize danach gut abwaschen und Stück pro cm Durchmesser wiederum 1 Tag durchbrennen lassen
- Kalt räuchern

WACHOLDER-ZIEGEN-SCHINKEN

Mit feiner Wacholdernote

Für 1 kg mageres Ziegenfleisch
Beize: je ½ l Wasser und Rotwein, 70 g Salz, 1 Msp. Salpeter, 3 EL Wacholderbeeren zerdrückt, 1 Knoblauchzehe zerdrückt, je 1 TL brauner Zucker und Pfefferschrot, je ½ TL Muskat, Piment und Nelke

- Beize mischen, Stück pro cm Durchmesser 1 Tag darin pökeln
- Beize danach gut abwaschen und Stück pro cm Durchmesser wiederum 1 Tag durchbrennen lassen
- Kalt räuchern

WÜRZSCHINKEN

Kräftiger Kochschinken

Für 1 kg Schweinefleisch
Beize: 1 l Wasser, 100 g Salz, 1 Msp. Salpeter, je 1 TL Rosmarin Vanillezucker und Wacholderbeeren zerdrückt, 2 EL Schalottenwürfel, je 1 Msp. Paprika edelsüß und rosenscharf, schwarzer Pfeffer, Macisblüte, Piment und Salbei, 1 EL Oregano

- Beize mischen, Stück pro cm Durchmesser 1 Tag darin pökeln
- Beize danach gut abwaschen und Stück pro cm Durchmesser wiederum 1 Tag durchbrennen lassen
- Pro cm Gutdurchmesser 10 min bei 130 °C im Backofen abgedeckt backen
- Kalt räuchern

SCHÄUFELE

Badisches Nationalgericht

Für 1 kg Schweineschulter
Beize: je ½ l Wasser und trockener Weißwein, 100 g Salz, 1 Msp. Salpeter, 1 EL Traubenzucker, je 2 EL Obstessig und Zwiebelwürfel, je 2 Lorbeerblätter und Gewürznelken

- Beize mischen, Stück pro cm Durchmesser 1 Tag darin pökeln
- Beize danach gut abwaschen und Stück pro cm Durchmesser wiederum 1 Tag durchbrennen lassen
- Pro cm Gutdurchmesser 4 min bei 90 °C in leicht gesalzenem Wasser garen
- Warm räuchern

KERNTEMPERATUREN MESSEN

Wenn Sie wissen wollen, wie es in Sachen Temperatur in einem Räucherstück innen aussieht, dann hilft Ihnen dabei ein Kerntemperaturmesser. Bei einer Kerntemperatur zwischen 60 und 80 °C (Geflügel manchmal bis 90 °C) ist der Kern des Rauchstückes zart rosa.

Feinstes Fastfood: New York Style Pastrami.

PASTRAMI GERMAN ART

Geräucherter Rindersaftschinken

Für 1 kg mageres Rindfleisch
Beize: 1 l Wasser, 120 g Nitritpökelsalz, 2 EL brauner Zucker, je 1 TL Pfefferkörner und Wacholderbeeren zerdrückt, ½ EL Korianderschrot, je 2 EL Zwiebelwürfel und geriebener Apfel, 1 Knoblauchzehe zerdrückt, eventuell ½ l kräftiger Rotwein

- Beize mischen, Stück pro cm Durchmesser 1 Tag darin pökeln
- Beize danach gut abwaschen und Stück pro cm Durchmesser wiederum 1 Tag durchbrennen lassen
- Pro cm Gutdurchmesser 10 min bei 130 °C im Backofen abgedeckt backen
- Kalt räuchern

PASTRAMI

Pastrami, etymologisch liegt der Ursprung im jiddisch-rumänischen Wort *pastramă* (Wurst), gehört zu Amerika wie die Leberkässemmel zu Bayern. Und wer Pastrami sagt, denkt eh eigentlich nur an die berühmte Liebeskomödie 'Harry und Sally' aus dem Jahr 1989 und an Meg Ryan und deren schauspielerischen Talente im 'Katz's Deli' ... Gemeint ist damit jedoch dampfgegartes und geräuchertes Rindfleisch, das als Belag verzehrt wird. In Amerika sind viele Varianten beliebt:
Ein **New-York-Style-Pastrami** wird mit Krautsalat (coleslaw) und scharfem Dressing, Tomatenketchup, Joghurt oder Mayonnaise gegessen.
Ein **Reuben-Style-Pastrami** wird mit Corned Beef und Sauerkraut zubereitet.
Beim **Los-Angeles-Style-Pastrami** wird das Fleisch sehr dünn aufgeschnitten, mit Senf und eingelegtem Gemüse auf einem Baguettebrötchen angeboten.
Ein **Turkish-Style-Pastrami** schmeckt mit körnigem Senf, grünem Salat und dicken Zwiebelringen.

KASSELER

Klassisch gut

Für 1 kg Schweineschulter
Beize: 1 l Wasser, 100 g Salz, 1 Msp. Salpeter, 1 EL Traubenzucker, je 1 TL Wacholderbeeren und Pfefferkörner zerstoßen, je ½ TL Senf- und Korianderkörner, je 3 Nelken und Pimentkörner, 1 Lorbeerblatt

- Beize mischen, Stück pro cm Durchmesser 1 Tag darin pökeln
- Beize danach gut abwaschen und Stück pro cm Durchmesser wiederum 1 Tag durchbrennen lassen
- Pro cm Gutdurchmesser 5 min bei 80 °C in leicht gesalzenem Wasser garen
- Warm räuchern

KASSELER AUS KASSEL?

Will man dem Internet Glauben schenken, so ist der Kasseler Braten keineswegs eine Erfindung aus Kassel, sondern entsprang einst der Fantasie eines Berliner Metzgermeisters, möglicherweise namens Cassel.

Selbst gemachte Wurst und Würstchen räuchern

Ob im sommerlichen Garten oder auf dem Weihnachtsmarkt – kaum etwas kann mit seinem Duft mehr locken als eine leckere Bratwurst und nichts geht über ein frisches Brot mit Leberwurst oder Lyoner. Und dann noch selbst gemachte Wurst: lecker!

Würste werden aufgeteilt nach ihrer Machart: Rohwürste wie beispielsweise Salami oder Teewurst, Brühwürste wie Lyoner oder Bierschinken, Kochwürste wie Leberwurst oder Zwiebelkochwurst. Manche werden gerne noch geräuchert.
Vorab ein Wort zu der Verwendung von Nitrit in der Wurst: Möchten Sie möglichst auf Nitrit verzichten, können Sie beispielsweise bei Kochwürsten das Pökelsalz problemlos 1:1 durch normales Speisesalz ersetzen. Sie sind dann eben etwas grauer und weniger rötlich. Bei Brühwürsten kann man, um die rötliche Farbe zu bewahren und trotzdem den Nitritanteil zu reduzieren, halbe-halbe machen: Ersetzen Sie einfach die Hälfte der Pökelsalzmenge durch normales Speisesalz oder geben Sie zusätzlich noch etwas Ascorbinsäure dazu. Bei Rohwürsten wie Salami bitte keine Experimente wagen! Rohwurst gelingt nur mit Nitritpökelsalz – oder Salz mit einem Zusatz von Salpeter. Aber mit verschiedenen Salzsorten kulinarische Raffinesse erzeugen, das lohnt sich allemal.

EINSATZ VON PÖKELSALZ BEIM WURSTEN: DAS RICHTIGE MASS

Für 1 kg Wurstmasse nehmen Sie:
15–25 g Salz
1 winzige Msp. Salpeter
2–5 g Zucker

Vorab die Frage: Und welche Pelle?

Viele sehen sich vor dem Problem: Wo hinein mit der Wurstmasse fürs Würstchen? Da gibt es natürlich im Handel alles, was des Wursters Herz begehrt, aber machen wir uns nichts vor – Würste stopfen ist mühsam und arbeitsintensiv. Zudem sind nicht alle Hüllen, die im Handel zu haben sind, für Roh-, Brüh- und Kochwürste gleichermaßen geeignet. Rohwursthüllen müssen mitschrumpfen, Pellen für die anderen Würste müssen hohe Temperaturen aushalten. Ist die Hülle essbar oder nicht? Ein Wienerle will man ja schließlich nicht erst schälen müssen. Naturdärme sind essbar, ebenso Därme auf Kollagen- oder Eiweißbasis. Fürs Räuchern müssen sie ebenfalls geeignet sein. Es gibt natürliche Wursthüllen und künstliche Wursthüllen. Egal wie, Sie bekommen alle im Internet, beim Hausschlachtereibedarf. Hübsch sehen besonders Rohwürste aus, wenn Sie diese nach Räuchern und Reife in Pergament- oder Wachspapier wickeln und mit einem schönen Etikett versehen.

Salami in der Tuchhülle – die sind ruckzuck selbst gemacht.

Ich habe da meine ganz eigenen Methoden gefunden und erspare mir auf diese Weise das lästige Stopfen. Für Rohwürste beispielsweise sind Tücher eine tolle Alternative. Schnell sind Hüllen aus leichten Baumwollstoffen, Mull (Windelstoff – gibt's in fast jedem größeren Drogerie- oder Supermarkt) oder dünnem Leinen genäht! Die Würste sehen dann nicht so steril und einheitlich aus, sondern eben handmade! Zudem können Sie notfalls auch mitgeräuchert werden.

Rohwurst 1x1

Für einen erfolgreichen Reifungsprozess in Rohwürsten darf etwas **Süße** wie Honig hinein sowie **Milchsäurebakterien**, beispielsweise in Form von Milch, Joghurt, Sahne oder Schmand. Beides sorgt für eine gute Konservierung. Auch kann die Zugabe von **Ascorbinsäure** das gefährliche Nitrit reduziert. Gleichzeitig baut diese Nitrosamine ab.

DIE RICHTIGE WAHL
Verwenden Sie festes, wasserarmes, sehnen-, schwarten- und knorpelfreies Fleisch und festen Speck (Fett) etwas älterer Tiere, keine Innereien.

SO GEHT'S

- Alle Zutaten eiskalt verarbeiten, Gemüse wie Zwiebeln eventuell vorher andünsten, das macht die Wurst haltbarer, da weniger Feuchtigkeit enthalten ist
- Würze und Nitritpökelsalz (oder Salz + Salpeter) nicht vergessen
- Gut durchkneten
- Abfüllen und Abbinden (wie die Wurst in die Pelle kommt, steht auf Seite 75)

Nach dem Abfüllen und Abbinden in die passenden Hüllen müssen Sie Rohwürste, die ja durch Trocknen haltbar gemacht werden, zunächst umröten. Das bedeutet, die Würste ruhen

NATUR ODER KUNST?

Naturhüllen müssen in Salzlake und kühl – unter 10 °C – gelagert werden. So sind sie meist 3 Monate haltbar. Vor dem Gebrauch werden sie gewässert, das Abdrehen der Würste geht dann leichter. Auch das spätere Zubinden mit Schnur ist eine einfache Sache: Den Zwischenraum zwischen zwei Würsten zweimal im Abstand von 2 cm mit Schnur gut zuknoten, dann die Haut zwischen beiden Schüren durchschneiden – fertig!
Die ersten **künstlichen Wursthüllen** bestanden aus Pergamentpapier, später aus Hautfasern. Künstliche Wursthüllen gibt es in verschiedenen Ausführungen für alle drei Wurstsorten: Brüh-, Koch- und Rohwurst. Sie unterscheiden sich in Rohstoff (wie z.B. Kollagen, Polyamid oder Cellulose) und Beschaffenheit und kommen den natürlichen Hüllen oft recht nahe. Es gibt sie in verschiedenen Formen (gerade, kranzförmig etc.), Farben und Kalibern. Manche kann man essen, manche nicht, manche räuchern, manche nicht.
Wurstnetze dienen der Stabilität von Würsten. Sie zählen ebenfalls zu den künstlichen Wursthüllen.
Handling: Gehen Sie nach Herstellerhinweisen vor. Beispielsweise müssen manche vor dem Gebrauch gewässert werden, wie ihre natürlichen „Kollegen".

In aller Ruhe reifen lassen, so wird die Wurst gut!

TÜCHER FÜR DIE WURST

Für längliche Würste: Stoffteile in beliebiger Größe zuschneiden (Rechtecke oder Quadrate). Die Stücke jeweils hälftig aufeinander klappen und an zwei Seiten, der langen und einer kurzen, zunähen – ein Schlauch ist entstanden, der dann nur noch gefüllt und gestopft werden muss. Oben zubinden. Schon fertig.

Für rundliche Würste: Kreise schneiden, Wurstmasse mittig einfüllen, wie einen Beutel zubinden.

Ganz ohne Nähen: Noch einfacher ist es, ausgediente, schon etwas fadenscheinige Küchenhandtücher zuzuschneiden: Wurstmasse darin einwickeln, Enden zubinden, größere Wurststücke noch mit Schnur umwickeln. Pasten und Brühwürste wurden früher übrigens einfach in Handtücher gewickelt und darin gebrüht. Geht auch.

2–3 Tage lang bei Raumtemperatur und mindestens 75 % Luftfeuchte. Dann kann geräuchert werden, oder erst nach der Reifezeit – ganz nach Gusto.

Zum Ausreifen schließlich hängen Sie die Würste am besten feucht luftig auf, sodass sie sich nicht gegenseitig berühren können, z.B. in einem Schrank mit Gittertüren, einer Vorratskammer, im Keller oder Gartenhäuschen. Pro 1 cm Wurstdurchmesser sollten sie einen Tag bei 5–22 °C reifen.

Sollte die Luftfeuchte unter 65 % sinken, stellen Sie zusätzlich einen Eimer Wasser auf. Und bitte für eher dunklere Lichtverhältnisse und so wenig Zugluft wie möglich sorgen.

WIE LANGE RÄUCHERN?

In der Regel werden Wurst und roher Schinken im Kaltrauch 1–5 Tage pro cm Gutdurchmesser geräuchert.

ROHWURST-ROULETTE

Eine ideale Reifungstemperatur von 5–22 °C? Genauer geht's nicht? Nein, denn genau hier liegt der Hase im Pfeffer! Es ist ein bisschen wie Roulette spielen. Jeder sagt etwas anderes. Der eine meint, 5–10 °C sind ideal, der nächste findet 18–22 °C für die Umrötungs- und Reifephasen am besten. Sicher liegen Sie bei einer Temperatur um die 15 °C.

Das Umröten und Trocknen kann bei Hartwurstsorten schon mal einige Wochen dauern. Nicht die Geduld verlieren! Die Rohwurst muss sich nach der Reife schön fest anfühlen. Wer es genau wissen will, muss die Wurst vor dem Abfüllen und Abbinden und während des Reifeprozesses wiegen. Sobald sie wenigstens 25 % an Gewicht verloren hat, dürfte sie fertig sein. Natürlich kann sie weiter reifen – bis sie steinhart ist, wenn gewünscht. Eine Dauerwurst kann sogar monatelang trocknen, doch ein Feuchtigkeitsverlust von etwa 25–30 % reicht bereits für eine längere Haltbarkeit aus. Frisches Brät indes hält gut gekühlt (0–4 °C) maximal 2–3 Tage, eine „normale" Salami hingegen mindestens 4 Wochen.

Nach diesen Angaben kann eigentlich nichts schiefgehen, probieren Sie es aus!

TIPPS ZUM KNETEN

Das Kneten der Wurstmasse geht am besten in Woll- oder Lederhandschuhen, über die Sie Einmalhandschuhe ziehen.

ROHWURST GRUNDREZEPT

Für frische Bratwürstchen ebenso wie für Dauerwurst

1 kg Fleisch (2 Teile fettarmes Fleisch, 1 Teil gut mit Fett durchwachsenes Fleisch)
15 g Nitritpökelsalz oder Salz + Salpeter (Salz allein macht die Wurst grau, zudem nicht für Dauerwurst geeignet wie z.B. für Salami!)
1 TL Acht-Gewürze-Mischung (ist im Supermarkt zu bekommen; ansonsten von der perfekten Würzmischung, siehe Kasten)

- Alles zusammen anfrieren, mischen und wolfen
- Masse 5 min lang kräftig kneten
- Wurstmasse anfrieren, zu Würsten abfüllen und abbinden, 2 Tage umröten lassen
- 1 Tag pro cm Gutdurchmesser kalt räuchern

PERFEKTE WÜRZMISCHUNG FÜR DEN VORRAT

Je 1 EL Pfefferkörner, Senfkörner, Korianderkörner, Wacholderbeeren, Nelken, Kardamonkapseln, Pimentkörner Macisblüte
Optional und eventuell mal als besondere zusätzliche Note: Kümmel oder Zwiebelsamen

- Alles klein zerstoßen oder mit dem Zauberstab zerkleinern
- In einem Schraubdeckelglas aufbewahren

FEINE BRATWÜRSTCHEN

Kurz und knackig

Einfach die Zutaten für die jeweilige Sorte (Gemüse/Obst/Kräuter eventuell vorweg andünsten) zusätzlich mit in den Fleischwolf geben (außer Flüssiges, dieses erst in den Wurstteig geben), schon wird daraus ...

Käsestängel: + 2 EL Parmesanwürfel, 1 TL Estragonblättchen

Knoblauchtraum: + 2 Knoblauchzehen und 1 TL Limettenschale

Asiazipfel: + 2 EL Ananas-Basilikum und 1 Msp. Wasabipulver

Schwipswürstchen: + 2 EL Portwein, 1 TL Rosmarinnadeln

Kräuterwürstchen: + je 2 EL frische grüne Kräuter und Zwiebelwürfel

Frühlingsfein: je 1 EL Sahne, Sherry und Beerenmarmelade

Liebesstangerl: ½ TL abgeriebene Orangenschale, je 1 Msp. Chili, Kardamom, Knoblauch, Kurkuma, Vanille und Zimt

Gourmetwürstchen: + 1 EL Trüffelblättchen, 1 TL Honig

Pfefferwürstchen: je 1 TL Schmand und Honig, ½ TL grüne weiche Pfefferkörner

Thüringer Würstchen: + 1 EL Majoran fein gerebelt

MERGUEZ-BRATWURST

Auch ohne Wursthülle als Frikadelle, Hackbällchen oder Cevapcici lecker

je 750 g Lammfleisch und Rindfleisch
1 Knoblauchzehe fein gehackt
je ½ rote Zwiebel und Birne grob gewürfelt
je 1 EL Dijonsenf und Schnittlauchröllchen
25 g Salz
10 g frische Minzeblättchen
je 1 TL rote Chiliflocken und Pfefferkörner
je 1 Msp. Salpeter, Zimt, Nelken, Kreuzkümmel und Koriander

- Zwiebel, Knoblauch, Birne, Minzeblättchen eventuell vorweg in 1 TL Butter weich dünsten
- Fleisch anfrieren, mit anderen Zutaten mischen und wolfen
- Weitere Zubereitung wie im Grundrezept auf Seite 78 beschrieben

WHISKEY-WÜRSTCHEN MIT HASELNÜSSEN UND KNOBLAUCH

Ganz feine Grillwürstchen

1 kg Schweinehack
150 g Haselnüsse
je 4 gewürfelte Knoblauchzehen und Wacholderbeeren
je 2 EL Bourbon Whiskey und saure Sahne
je 1 EL Pfannensiedesalz, Petersilie und Senfsaat
je 1 TL Olivenöl, abgeriebene Zitronenschale und Honig
je ½ TL Thymian, Zimt, Pfeffer, Macisblüte und Nelken
1 Msp. Salpeter
1 Spritzer Tabasco

- Knoblauch, Wacholderbeeren, Petersilie eventuell vorweg in 1 TL Butter weich dünsten
- Fleisch anfrieren, mit anderen Zutaten mischen und wolfen
- Weitere Zubereitung wie im Grundrezept auf Seite 78 beschrieben

RUND UM DIE BRATWURST

- Die Wurst platzt beim Braten nicht auf, wenn ...
  ... sie vorweg einige Minuten in heißem Wasser zieht oder 2–3 min in kalter Milch badet.
  ... sie ein paar Mal mit einer Gabel oder einem Zahnstocher angestochen wird.
- Die Bratwurst wird schön kross, wenn ...
  ... sie vor dem Braten in Mehl gewendet wird.
  ... sie vor dem Braten mit einer Paprika-Gewürzmischung bestreut wird.
- Die Bratwurst bekommt einen feinen mediterranen Geschmack, wenn ein Zweig Rosmarin oder Oregano mitbrät.

Geräucherter Bauchspeck schmeckt auch in der Wurst!

ENTENWÜRSTCHEN

Normannische Feine

je 500 g Entenbrust und Bauchspeck
1 Tasse Milch
1 Scheibe Toast
je 2 gewürfelte Schalotten und Eier
1 Becher Crème fraîche
je ½ Glas Rotwein und Calvados
je 1 Msp. Pfeffer, Paprika edelsüß und Cayennepfeffer
1 TL Thymian
je 1 EL Nitritpökelsalz und glatte Petersilie

- Schalotten eventuell vorweg in 1 TL Butter weich dünsten
- Fleisch anfrieren, mit anderen Zutaten mischen und wolfen
- Weitere Zubereitung wie im Grundrezept auf Seite 78 beschrieben

PESTOWÜRSTCHEN

Grillspaß homemade

400 g mageres Schweinefleisch
je 150 g Bauchspeck und fetter Speck
je ½ gewürfelte Paprika, Zwiebel und Lauchstange
50 ml Sahne
10 g Nitritpökelsalz
1½ Scheiben Vollkorntoast
6–8 Haselnusskerne
5 Zweige Petersilie
2 EL rotes Pesto
je 1 EL italienische Kräuter, Sojasauce und Honig
je ½ TL Macisblüte, Pfefferschrot, Piment und Chiliflocken

- Gemüse, Petersilie eventuell vorweg in 1 TL Butter weich dünsten
- Fleisch anfrieren, mit anderen Zutaten mischen und wolfen
- Weitere Zubereitung wie im Grundrezept auf Seite 78 beschrieben

CHORIZO SICILIANA

Ursprünglich aus Esels- oder Maultierfleisch

je 500 g Lende und Schweinebauch
je 1 TL frischen Ingwer fein gerieben, Zitronenschale und Schalottenwürfelchen
1 EL Nitritpökelsalz und Petersilie fein gehackt
je ½ TL Zimt, Zucker, Paprika edelsüß und rosenscharf
je 1 TL Chilipulver und bunte Pfefferkörner
je 1 Msp. Macis, Piment und Koriander
je 1 EL Schmand und Grappa

- Ingwer und Petersilie eventuell vorweg in 1 TL Butter weich dünsten
- Fleisch anfrieren, mit anderen Zutaten mischen und wolfen
- Weitere Zubereitung wie im Grundrezept auf Seite 78 beschrieben

DEN FLEISCHWOLF SCHNELL REINIGEN

Nach dem Wolfen des Fleisches etwas trockenes Brot durchdrehen und eventuell mitverarbeiten oder ein Stück Pergament- bzw. Backpapier mitdrehen, danach den Fleischwolf abstellen. Erst dann mit Spülwasser und Bürste von allen Resten befreien.

CHORIZO BARROCO

Mit Knoblaucharoma

je 500 g Lende und Schweinebauch
2 Knoblauchzehen fein gehackt
½ Zwiebel gewürfelt
1 EL Nitritpökelsalz
je 1 Msp. Muskat, Nelken, Paprika rosenscharf, Piment, Thymian, schwarzer Pfeffer und Chiliflocken
je 1 TL Paprika edelsüß und braunen Zucker
1 EL Petersilie
½ Glas Rioja

- Knoblauch, Zwiebel und Petersilie eventuell vorweg in 1 TL Butter weich dünsten
- Fleisch anfrieren, mit anderen Zutaten mischen und wolfen
- Weitere Zubereitung wie im Grundrezept auf Seite 78 beschrieben

CHORIZO MEXICANA

Mit feuriger Note

je 500 g Schweinelende und Schweinebauch
je 4 rote Pfefferschoten und Knoblauchzehen fein gehackt
½ Apfel grob gewürfelt
je 1 TL Kümmel, Honig und Oregano
je 1 EL Obstessig und Sahne
je ½ TL Pfeffer, Nelke, Koriander, Macisblüte und Zimt
1 EL Nitritpökelsalz
2 EL Sherry

- Knoblauch und Apfel eventuell vorweg in 1 TL Butter weich dünsten
- Fleisch anfrieren, mit anderen Zutaten mischen und wolfen
- Weitere Zubereitung wie im Grundrezept auf Seite 78 beschrieben

TEEWURST CLASSICA

Leicht herzustellen, da sie nur kurz reifen, ideal für Anfänger

je 250 g mageres Schweinefleisch, geräucherte Schweineschulter, magerer Schweinebauch und fetter Speck
je 1 EL Nitritpökelsalz und Rum
1 TL Honig
1 Stück Ingwer (1 cm lang) fein gerieben
je 1 Msp. Pfeffer, Kardamom, Muskat, Paprika rosenscharf und edelsüß, Piment, Senfmehl

- Ingwer eventuell vorweg in 1 TL Butter weich dünsten
- Fleisch anfrieren, mit anderen Zutaten mischen und wolfen
- Weitere Zubereitung wie im Grundrezept auf Seite 78 beschrieben

DARUM HEISST SIE TEEWURST

Nein, es ist kein Tee in der Teewurst. Angeblich stammt sie aus Pommern. Dort lebte die Fleischermeistertochter und spätere ebensolche Gattin Karoline Ulrike Rudolph, welche die Rezeptur 1866 mit in die Ehe gebracht und die Wurst allzu gern zum Nachmittagstee verspeist haben soll – weil diese ihrer Meinung nach besonders gut zu Tee passte. Recht hatte die Gute: Ein Stück frisches Brot mit Teewurst bestrichen zu einer Tasse Tee ist ein Hochgenuss!

Kann, muss aber nicht geräuchert werden, der Celler Zipfel.

CELLER ZIPFEL

Edle Streichwurst, kann geräuchert werden – muss aber nicht

500 g gemischtes Hack
350 g Schweinebauch
150 g fetter Speck
100 g Speckwürfel
je 2 EL Zwiebelwürfelchen und Schnittlauchröllchen
2 EL Orangensaft
1 TL abgeriebene Orangenschale
1 Scheibe helles Toastbrot oder 1 helles Brötchen
6 Kapern
je 1 Msp. Salpeter, Macisblüte, Nelke, Majoran, Estragon und weißer Pfeffer
20 g Fleur de Sel
5 g Heidehonig

- Zwiebel und Schnittlauch eventuell vorweg in 1 TL Butter weich dünsten
- Fleisch anfrieren, alles mischen und wolfen
- Weitere Zubereitung wie im Grundrezept auf Seite 78 beschrieben

ZERVELATWURST

Fürs täglich' Brot

1 kg gemischtes Mett
je 1 EL Nitritpökelsalz und Sahne
je 1 Msp. Macisblüte, Pfeffer, Nelke und Piment
1 TL Honig

- Fleisch anfrieren, mit anderen Zutaten mischen und wolfen
- Weitere Zubereitung wie im Grundrezept auf Seite 78 beschrieben

HACKFLEISCH VON DER THEKE

Frisches Hackfleisch darf hierzulande nur am Tag der Herstellung verkauft werden, so ist es in der Tierischen Lebensmittel-Hygieneverordnung geregelt. Es darf zudem maximal 1 % Salz sowie Schweinehack maximal 35 % Fett, Rinderhack maximal 20 % Fett und gemischtes Hack maximal 30 % Fett enthalten. Um aber auch genau die Fleisch- und Speckstücke später in der Wurst zu haben, die Sie haben möchten, können Sie sich diese an der Fleischtheke aussuchen und vor Ort direkt wolfen lassen. Die meisten Verkäufer/innen sind sehr entgegenkommend, auch bei Sorten wie Lamm, Wild oder Geflügel.

SALAMI

Früher hieß die Salami einfach Hart- oder Dauerwurst, bedingt durch eine lange Lagerung und die damit einhergehende Festigkeit. Das sagt heute kein Mensch mehr, aber letztlich ist eine gute Salami – von italienisch *salame* „Salzwurst, Salzfleisch" (Singular) und *salami* (Plural), genau das: eine harte, feste und sehr lange haltbare Rohwurst. Früher wurden diese übrigens aus Esels- oder Maultierfleisch gemacht.

WILDE SAU

Wildschweinsalami mit Knoblauch und grünem Pfeffer

600 g Wildschweinfleisch
je 200 g Schweinebauch und fetter Speck
20 g Nitritpökelsalz
2 Knoblauchzehen fein gehackt
je 1 TL Olivenöl, grüne Pfefferkörner und Senfsaat
je 1 TL Honig und abgeriebener Orangenschale
je ½ TL Koriander, Piment, Ingwer fein gerieben, Nelken und Mazis
4 EL Sherry

- Knoblauch und Ingwer eventuell vorweg in 1 TL Butter weich dünsten
- Fleisch anfrieren, mit anderen Zutaten mischen und wolfen
- Weitere Zubereitung wie im Grundrezept auf Seite 78 beschrieben

NÜSSLI

Haselnüsse geben Nüssli einen edlen Geschmack

750 g gemischtes Hack
250 g Schweinebauch
2–3 EL Haselnusssplitter
1 EL Nitritpökelsalz und Portwein
je 1 TL Schmand, Zwiebelwürfel, Orangensaft und -schale
je ½ TL brauner Zucker und Pfefferschrot

- Zwiebel eventuell vorweg in 1 TL Butter weich dünsten
- Fleisch anfrieren, mit anderen Zutaten mischen und wolfen
- Weitere Zubereitung wie im Grundrezept auf Seite 78 beschrieben

PFEFFER-SALAMI

Für Gourmets

600 g mageres Schweinefleisch
400 g Schweinebauch
je 1 EL Nitritpökelsalz, Schlagsahne, Obstler und grüne Pfefferkörner
je 1 TL Honig, Tomatenmark und Kümmel
je 1 Msp. Ingwer fein gerieben, Chili, Piment, Nelken und Macisblüte

- Fleisch anfrieren, mit anderen Zutaten mischen und wolfen
- Weitere Zubereitung wie im Grundrezept auf Seite 78 beschrieben

DAS SCHMECKT AUCH ...

Statt Pfefferkörner Fenchelsamen nehmen – schon wird daraus die „klassisch-feine Italienerin".

DAMIT DIE WURST LÄNGER HÄLT

Für lange Haltbarkeit ist es sinnvoll, Zwiebel, Kräuter und ähnliche Zutaten für die Rohwurst vorweg kurz in etwas Butter anzudünsten.

GEFÜRCHTET: TROCKENRÄNDER

Trockenränder sind verhärtete Ränder vor allem an der Rohwurst und entstehen durch Zugluft oder mangelnde Feuchtigkeit während des Umrötungs- und Reifeprozesses. Die Wurst kann nicht weiter „verdunsten" und beginnt im Inneren zu schimmeln. Achten Sie also drauf, dass in den entsprechenden Räumen **keine Zugluft** entsteht und falls es an der Feuchtigkeit mangelt: Notfalls die Würste einmal täglich mit einem Pflanzenbesprüher, der mit kaltem Leitungswasser gefüllt ist, leicht besprühen. Ist es bereits passiert, kann ein halbstündiges **lauwarmes Bad** die Wurst vielleicht retten.

HIRSCHKÜMMEL

Hirsch und Kümmel – eine leckere Kombination

1 kg gemischtes Mett
1 EL Nitritpökelsalz
je 1 Msp. Muskat, Piment, Nelke, Paprikapulver rosenscharf und edelsüß
je 1 TL Senfsaat, Pfefferschrot und brauner Zucker
2 TL Kümmel

- Fleisch anfrieren, mit anderen Zutaten mischen und wolfen
- Weitere Zubereitung wie im Grundrezept auf Seite 78 beschrieben

FÜR DIE NÖTIGE REIFE: ASCHEBETT

Das kennen nur ganz wenige: Statt an der Luft, mit oder ohne vorweg zu räuchern, können Wurst, Schinken oder auch Käsestücke in einem Aschebett reifen. Das funktioniert wunderbar und ist höchst unkompliziert:

- Einen Karton, z.B. in Schuhkartongröße, 2–3 cm hoch mit reiner Holzasche füllen
- Würste, Käse, Schinken o.Ä. in luftdurchlässiger Pelle, z.B. einer Stoffhülle (siehe auch Seite 75), hineinlegen, ohne dass sie sich gegenseitig oder die Kartonwände berühren; insgesamt nicht mehr als 500 g Gesamtmasse pro Karton
- Mit 2–3 cm Asche bedecken
- Karton verschließen, fest zubinden und mit dem Tagesdatum versehen
- Bei 8–18 °C lagern, Kartoninhalt wöchentlich drehen
- Nach der Reifezeit Stoffpellen abziehen, die Stücke mit ein wenig Wasser-Alkohol-Gemisch, z.B. Sherrywasser, abwaschen und gut abtrocknen
- Stücke 1–2 Tage lufttrocknen lassen

BAUERNWURST

Rustikal und erprobt

je 300 mageres Rind- und Schweinefleisch, Speck ohne Schwarte
je 1 EL Nitritpökelsalz, Rum und Sahne
½ TL Honig
je 1 gewürfelter Apfel und gekochte Kartoffel oder Scheibe Graubrot
½ Zwiebel fein gewürfelt
je 1 Msp. Macisblüte, Kardamon, Pfeffer weiß und Piment
1 TL Senfsaat

- Apfel und Zwiebel eventuell vorweg in 1 TL Butter weich dünsten
- Fleisch anfrieren, mit anderen Zutaten mischen und wolfen
- Weitere Zubereitung wie im Grundrezept auf Seite 78 beschrieben

Auch eine Möglichkeit: Wurst im Aschebett trocknen lassen.

Brühwurst 1x1

In Brühwürsten sorgt der Zusatz von **Phosphat** für eine gute Bindung, etwa in Form von Backpulver. Als Nahrungsmittelbestandteil ist es in geringen Dosen wichtig für den Knochenaufbau, kann jedoch Überempfindlichkeiten und Allergien auslösen.

Und was ist mit Geschmacksverstärkern? Die den Geschmack verstärkende Wirkung von Kombu (Seetang) wird von asiatischen Köchen schon seit Tausenden von Jahren zum Würzen genutzt. Kombu und viele Lebensmittel, wie beispielsweise getrocknete Pilze und Tomaten, Käse, Hefe oder Fisch- und Sojasauce, enthalten von Natur aus den Geschmacksverstärker Glutamat. Hefeextrakt, ebenso wie Parmesan, enthält etwa 7 % Glutaminsäure. Diese gehört zu den 21 Aminosäuren, aus denen Proteine gebildet werden, und ist in jedem eiweißhaltigen Lebensmittel enthalten.

Geschmacksverstärker in der heutigen Verarbeitung sind Lebensmittelzusatzstoffe, welche die Mundpapillen sensibilisieren und sich direkt an die Rezeptoren der Geschmacksknospen binden, um Geschmacksempfinden wie sauer, süß, salzig und bitter zu intensivieren. Ein Japaner fand Anfang des 20. Jahrhunderts heraus, dass es daneben eine fünfte Geschmacksrichtung gibt: umami. Das bedeutet Köstlichkeit auf Japanisch und meint eine Geschmacksrichtung von herzhaft, pikant würzig, fleischig. Der umami-Geschmack entscheidet häufig über die Akzeptanz von Lebensmitteln. Gerade für Wurst- und Fleischprodukte werden häufig künstliche Geschmacksverstärker verwendet, da diese nicht nur das Aroma verstärken, sondern auch die Salzschärfe harmonisieren. Wer die ohne Frage angenehm stimulierende Wirkung nicht missen möchte, aber auf Chemisches verzichten möchte, kann auf natürliche Zusätze wie Tomate, Parmesan oder Sojasauce zurückgreifen.

WIESO BACKPULVER?

Brühwürste neigen dazu, sich beim Brühen wieder aufzuteilen, auch wenn das rohe Brät noch so schön geschmeidig war. Dann hat man im Topf zwar eine leckere Wurst, aber die Gelee- und Fettanteile haben sich selbstständig gemacht und die Wurst wird trocken. Backpulver schafft Abhilfe: Es enthält Phosphat und sorgt damit für eine gute Bindung in der Wurst. Es ist zwar nicht unbedingt nötig, ist aber für die Schönheit der Brühwurst gut.

DIE RICHTIGE WAHL

Bevor Sie mit dem Wursten von Brühwurst loslegen, noch ein paar hilfreiche Tipps:

- Verwenden Sie sehnen- und knorpelfreies Fleisch und Fett (Speck) jüngerer Tiere.
- Kochen Sie Schwarten und Knochenfleisch (siehe Seite 78) vor der Verwendung weich.
- Achten Sie auf ausreichend bindegewebige Fleischteile, wie Schwarten, Haut oder Knochen.
- Schneiden Sie Knorpel und andere feste Bestandteile vor dem Wursten heraus.

SO GEHT'S

- Große Fleischstücke grob zerkleinern
- Alle Zutaten eiskalt verarbeiten
- Würze und Salz nicht vergessen
- Masse fein hacken oder pürieren
- Bindemittel, z.B. Backpulver, zugeben
- Gut durchkneten
- Masse vor dem Abfüllen und Abbinden nochmals 2 Stunden ins Gefrierfach stellen, dann abfüllen und abbinden (wie die Wurst in die Pelle kommt, steht auf Seite 75)
- Pellen mit einer Nadel anstechen
- Pro 1 cm Wurstdurchmesser 10 min bei 65–95 °C brühen
- Nach dem Brühen in einem Becken mit kaltem Wasser abkühlen, abtrocknen
- Kalt oder warm räuchern
- Würste kühl lagern oder in einem Topf mit Schmalz einlegen

Der Unterschied zur Rohwurst: Brühwürste müssen nach dem Abfüllen und Abbinden wie der Name bereits sagt, noch gebrüht werden, ansonsten ist die Machart bis zum Abfüllen und Abbinden eigentlich gleich wie bei der Rohwurst, für authentischen Genuss wird nur meist das Brät für Brühwurst besonders fein püriert, für Rohwurst darf es auch grober sein. Die Brühzeit bei klassischen Brühwürsten beträgt pro cm Wurstdurchmesser 10 min bei 65–95 °C. Danach werden die Würste in einem Becken mit kaltem Wasser abgekühlt, anschließend abgetrocknet. Nun darf auch noch gern kalt geräuchert werden, aber Warmrauch geht natürlich auch.

Statt Brühen ist auch warmer Dampfrauch möglich. Streng genommen sind es dann keine Brühwürste mehr, aber das ist ja nicht spielentscheidend. Sie sollten, welche Machart Sie auch wählen, die Pelle mit einer Nadel anstechen, damit mögliche Luft entweichen kann. Die Würste nach dem Räuchern bitte in Hüllen gut verpackt lagern.

WIE LANGE RÄUCHERN UND WANN?

In der Regel werden Brühwürste vor dem Brühen geräuchert, geht aber genauso gut danach. Es ist nicht in Stein gemeißelt, wie herum es besser ist …
im Kaltrauch 1–2 Tage pro cm Gutdurchmesser oder
im Warmrauch je nach Wunsch der Geschmacksintensität.

FÜR DEN VORRAT

Fleisch, Fett und Innereien: Die können Sie problemlos einfrieren. Besonders schlau ist es, bereits in abgewogenen Portionen für Ihre Wurstküche einzufrieren, aber bitte nicht länger als 3 Monate.
Fertiges Wurstbrät: Lässt sich ebenfalls einfrieren. Sie haben Ihr Lieblingsrezept gefunden, aber nicht immer die Zeit, jede Woche neu zu wursten? Sie können größere Mengen Wurstbrät fertig zubereiten, portionsweise für maximal 3 Monate einfrieren, nach Bedarf antauen, gut durchkneten und abfüllen und abbinden. Auch rohe Wurst, z.B. rohe Bratwurst, kann eingefroren werden.

Brühwürste im Rauch.

Wurst gut aufbewahrt und Rauchschmalz gibt`s noch gratis dazu.

Haltbarkeit: Brühwurst ist, selbst wenn sie gut eingepackt und kalt gelagert wird (ideal bei 0–4 °C), je nach Art und Rauchart auch nur begrenzt zwischen 1 und 6 Wochen haltbar.

DAS GEHT AUCH …

Kleine Vertreter können auch in einen Topf mit Schmalz eingelegt werden. Leckeres Rauchschmalz gibt es dann noch gratis dazu! Sie können Brühwürste aber auch problemlos einfrieren. Und: Alle rohen (Brat-)Würstchen können natürlich auch gebrüht und kalt geräuchert oder gleich im Heiß- oder Warmrauch bearbeitet werden. Dann wird aus einem rohen ungeräucherten Bratwürstchen eben ein gebrühtes und kalt geräuchertes oder nur warm oder heiß geräuchertes grobes oder feines Bratwürstchen. Ganz einfach.

GESTERN WIE HEUTE PRAKTISCH: EIN FLIEGENSCHRANK

Früher stand so ein Schrank in jeder Vorratskammer und man ließ darin Würste, Schinken, Käse und vieles mehr in Ruhe und vor Fliegen und anderem Ungeziefer geschützt vor sich hin trocknen. Heutzutage hat man dafür kaum noch Platz. Aber solch ein Schrank lohnt sich. Räumen Sie ein Stück Ihres Kellers frei, einen Quadratmeter des Speichers oder der Gartenlaube! Im Internet finden Sie unzählige Angebote an Fliegenschränken – alte, neue, im Shabby-Chic oder ganz puristisch. Wer selbst Hand anlegen möchte, kann einen Schrank dahingehend verändern, dass er in den Seiten und Türen große Rechtecke aus dem Holz sägt und durch Fliegengitter ersetzt.

WIE FEIN DARF'S SEIN?

Je nach gewünschter Konsistenz der Wurst von grob bis sehr fein können Sie die Wurstmasse kräftig kneten, mixen oder pürieren, z.B. bei Streich- oder Brühwürsten. Perfektionisten greifen dann auch gern zu einem leider sehr teuren Kutter, für den Hausgebrauch Tischkutter genannt, der das Brät ultrafein püriert und mischt. Aber je feiner Sie das Brät haben möchten, desto stärker muss die Masse nun mal zerkleinert werden und desto mehr Fett muss als Schmiermasse ins Brät. Daher gilt oft: Je feiner das Brät, desto mehr Fett in der Wurst – meistens jedenfalls!

FEINE WURSTEINLAGEN

Nach dem Pürieren der Wurstmasse können Sie weitere Zutaten zugeben. Hier ein paar leckere Beispiele:
Dragoner: 4 EL Tomaten- und Paprikastückchen, 1 fein gehackte Knoblauchzehe und 1 TL grüne Pfefferkörner
Funghi: 10 Champignons aus der Dose, 2 EL gerebelte Petersilie und 1 Msp. Zitronenpfeffer
Pizza: je 2 EL feine Käse-, Schinken- und Paprikawürfel, je 1 Msp. Oregano und Thymian
Wilde Hilde: Hälfte des gemischten Hacks durch Hirsch oder Wildschwein ersetzen, 2 zerdrückte Wacholderbeeren und 1 EL Preiselbeeren hinzufügen
Winterblues: 1 EL gehackte Haselnüsse, ½ TL abgeriebene Orangenschale und 4 fein geschnittene Backpflaumen
Hot Spot: Hälfte des gemischten Hacks durch Huhn ersetzen, ½ rote Chilischote, 1 EL rote Chilifäden

BRÜHWURST GRUNDREZEPT

Auf Brot, Heißmachen oder Braten

500 g Hack
je 200 g Schweinebacken und -bauch
150–300 g Wasser, Milch oder Schlagsahne
1 EL Nitritpökelsalz (oder Speisesalz und eventuell 1 Msp. Salpeter)
3 TL gemischte Gewürze
1 TL Backpulver

- Alles zusammen anfrieren, 2- bis 3-mal wolfen oder pürieren, je nach Art sehr fein, alles mischen
- Masse 5 min lang kräftig kneten
- Wurstmasse anfrieren, zu Würsten abfüllen und abbinden
- Pellen mit einer Nadel anstechen
- Pro 1 cm Wurstdurchmesser 10 min bei 65–95 °C brühen
- Würste anschließend in einem Becken mit kaltem Wasser abkühlen, abtrocknen, räuchern
- Würste kühl lagern

DER BESONDERE TRICK

Geben Sie erst alles Flüssige wie Milch oder Brühe u.Ä. in den Mixer und dann erst nach und nach die anderen Zutaten – so klappt es mit dem Pürieren besser.

BRÜHWURST IMMER AUS SCHWEINEFLEISCH?
Nein, man kann dafür genauso gut Wild, Rind, Schaf, Ziege, Geflügel, kurz alle gängigen Fleischsorten verwenden. Bei besonders fettarmen Fleischsorten sollten Sie allerdings mit der Fettzugabe etwas großzügiger sein, sonst werden die Würste zu trocken. Rechnen Sie pro 100 g Fleisch einfach 10 % mehr fetten Speck dazu und schon klappt es!

KRAKAUER

Eine polnische Spezialität

800 g Schweinefleisch
je 100 g Rindfleisch und Speck
1 Knoblauchzehe geschält
1 EL Nitritpökelsalz
je 1 TL ganzer Kümmel und Backpulver
2 EL Obstler
je 1 Msp. Pfefferschrot, Muskat und Paprikapulver rosenscharf

- Zubereitung wie im Grundrezept auf Seite 89 beschrieben

JAGDWURST

Süd-norddeutsche Allianz

500 g Schweinefleisch
400 g Rindfleisch
100 g Schweinebacke
1 EL Nitritpökelsalz
1 EL Senfkörner (Variante aus Süddeutschland) und/ oder gehackte Pistazienkerne (norddeutsch)
1 TL Backpulver
je 1 Msp. Pfeffer, Paprikapulver, Muskat, Koriander, Kümmel- und Liebstöckelpulver
½ Tasse Wasser

- Alles außer den Körnern oder Kernen zusammen anfrieren, mischen und 2- bis 3-mal wolfen
- Körner oder Kerne dazugeben, Masse 5 min lang kräftig kneten
- Weitere Zubereitung wie im Grundrezept auf Seite 89 beschrieben

MORTADELLA MIT FEINEN KRÄUTERN

Der Klassiker

400 g gemischtes Hack
je 200 g Schweinebauch und fetter Speck
150 g Sahne
3–4 EL gemischte grüne Kräuter
1 Schalotte
1 EL Nitritpökelsalz
je 1 TL Butter und Backpulver
je ½ TL Pfeffer, Macisblüte, Piment, Kardamom, Zimt, Zucker und Koriander

- Alles außer den grünen Kräutern zusammen anfrieren, mischen und 2- bis 3-mal wolfen oder pürieren
- Grüne Kräuter dazugeben, Masse 5 min lang kräftig kneten
- Weitere Zubereitung wie im Grundrezept auf Seite 89 beschrieben

DER KLEINE TRICK
Der Wurst tun Sie Gutes, wenn Sie das Brühwasser salzen. Das Wasser sollte dabei etwa denselben Salzgehalt wie die Wurst haben. Das verhindert einerseits das Austrocknen und andererseits das Platzen beim Braten. Lecker ist auch, Würstchen in Brühe zu erhitzen. Wollen Sie Brühwürstchen warm halten, gelingt das am besten in Brühe oder in heißem Wasser, in dem einige Pimentkörner und ein Lorbeerblatt schwimmen.

Schmeckt von morgens bis abends: gebraten oder einfach nur auf dem Brot – geräucherte Brühwurst.

LYONER

Jeden-Tag-Wurst

500 g gemischtes Hack
je 200 g geräucherte Schweineschulter, Schweinebacke und fetter Speck
200 g Milch
½ Zwiebel fein gewürfelt
1 Knoblauchzehe fein gehackt
1 TL Backpulver
2 EL Schlagsahne
1 EL Nitritpökelsalz
je 1 Msp. Koriander, Pfeffer, Muskat, Kardamom, Kurkuma und Ingwer

- Zubereitung wie im Grundrezept auf Seite 89 beschrieben

SCHINKENWURST

Brühwurst mit Schinkeneinlage

500 g Schweinehack
je 200 g Schweinebauch und -backe
½ Becher Sahne
½ Zwiebel fein gewürfelt
1 EL Nitritpökelsalz
je 1 TL Backpulver, brauner Zucker, Ingwer, Koriander und Macisblüte
Einlagen: 4 EL Schinkenwürfel, z.B. Kasseler, 1 EL grüne Pfefferkörner und 1 TL Senfsaat

- Alles außer den Einlagen anfrieren mischen und 2- bis 3-mal wolfen
- Einlagen dazugeben, Masse 5 min lang kräftig kneten
- Weitere Zubereitung wie im Grundrezept auf Seite 89 beschrieben

RESTEWURST

Eine Fleischwurst aus dem, was gerade da ist

500 g Schweinehack
250 g Schweinebauch
200 g Schweinebacken
100 g Sahne
1 EL Nitritpökelsalz
je 1 TL Backpulver, Paprika edelsüß und weißer Pfeffer
je 1 Msp. Macisblüte, Piment, Pfeffer und Muskat
Einlagen: 4–6 EL nach Gusto, z.B. Gemüse, Backobst, Pilze, Kräuter, Nüsse, Beeren oder Blüten, klein gehackt und in 1 EL Butter angedünstet

- Alles außer den Einlagen zusammen anfrieren, mischen und 2- bis 3-mal wolfen
- Einlagen dazugeben, Masse 5 min lang kräftig kneten
- Weitere Zubereitung wie im Grundrezept auf Seite 89 beschrieben

Schnell und heiß gerührt: Saucen

Was wäre all das Geräucherte ohne Ketchup und Co., das alle diese feinen Leckereien noch mit Geschmack zusätzlich toppt? Suchen Sie sich hier einfach Ihre Lieblingssauce aus – sie ist super schnell gemacht!

NACHHILFE AUS DER FLASCHE

Raucharoma gibt es in fester und flüssiger Form (Liquid Smoke, Flüssigrauch) und besteht aus der Trägerbasis (z.B. Wasser) und kondensierten und gereinigtem Rauch. Es gibt vielen Speisen – wenn es zeitlich mit dem Räuchern mal nicht klappt – eine feine Räuchernote. Nur einige wenige Tropfen, beispielsweise auch in Marinaden, genügen bereits!

BBQ-SAUCE

Für echtes Grillfeeling

4 Zwiebeln
2 Knoblauchzehen
je 1 rote und gelbe Paprika
je 1 Tasse Apfelsaft und Cola
3–4 EL Honig oder Zucker
je 2 EL Tomatenmark, Essig und Öl
je 1 TL Senf, Worchestershire-Sauce und Chiliflocken
1 Msp. Cayennepfeffer
einige Tröpfchen Raucharoma (im Internet zu bekommen)
Salz und Pfeffer

- Öl im Topf erwärmen, Zwiebel, Knoblauch und Paprika dazugeben und andünsten
- Alle restlichen Zutaten außer Aroma dazugeben, mindestens 1 Stunde sanft köcheln lassen
- Pürieren, Aroma dazugeben, abschmecken
- Durch ein Sieb streichen, abfüllen

Zum authentischen Geschmack gehört Ketchup.

ERDBEER-KETCHUP

Sollte man immer im Kühlschrank haben

500 g frische Tomaten, besonders lecker sind kleinere Strauchtomaten, halbiert
100 g Erdbeeren geputzt
1 weiche Birne
je 2 Knoblauchzehen und Schalotten beides grob zerteilt
1 Bund Schnittlauch klein gehackt
je 5 Stängel Thymian und glatte Petersilie klein gehackt
je 2 EL Balsamico-Essig, Worcestershire-Sauce, Tomatenmark und brauner Zucker
je 1 EL Zitronensaft und Pfefferkörner
je 1 TL Salz, Currypulver, Schabzigerklee, Paprika edelsüß und rosenscharf
1 Spritzer Tabasco
eventuell 1 TL Stärke zum Binden

- Alle Zutaten in einen Topf geben und erhitzen, 3–4 min sprudelnd kochen lassen
- Pürieren, eventuell noch binden, abschmecken
- Durch ein Sieb streichen, abfüllen

DAS SCHMECKT AUCH …

Für einen scharfen Curry-Ketchup geben Sie noch 2 EL Currypulver dazu und pürieren 1 kleine rote Pfefferschote mit. Auch einige zusätzliche Spitzer Tabasco oder etwas Cayennepfeffer heizen ein.

CUMBERLANDSAUCE

Klassisch lecker zu Pasteten, Lamm und Wild

4 EL Rotweinessig
2–3 EL Schalottenwürfelchen
2 EL Johannisbeergelee
Saft von 1 Orange
100 ml Gemüsefond
50 ml roter Portwein
je 1 TL Pfefferkörner und abgeriebene Zitronenschale
einige Spritzer Worcestershire-Sauce
Salz und Pfeffer

- Essig, Schalotten und Pfefferkörner zum Kochen bringen, Menge auf die Hälfte einkochen
- Restliche Zutaten, bis auf die abgeriebene Zitronenschale, dazugeben
- 20 min köcheln lassen, Zitronenschale untermengen
- Durch ein Sieb streichen, abfüllen

CHINASAUCE

Best of all

2 Knoblauchzehen fein zerdrückt
je 2 EL Sesamsaat, brauner Zucker, Olivenöl, Sake, Essig, Sojasauce, Ketchup und Erdnussbutter
1 daumengroßes Stück Ingwer gerieben
je 2 rote Chilischoten und Frühlingszwiebeln winzig klein geschnitten
2 EL frische Sojasprossen
je 1 Tasse Ananassaft und Wasser
1 Msp. Salz
1 EL Stärke und etwas Wasser

- Alles (außer Stärke) zusammenmischen, erhitzen, aufkochen
- Stärke in Wasser anrühren unter die Masse mischen, nochmals kurz aufkochen, abfüllen

SATÉSAUCE

Mit leckerem Erdnussgeschmack

1 Dose gesalzene und ohne Fett geröstete Erdnüsse
400 ml Kokosmilch
4 EL Sojasauce
je 2 EL Erdnussöl, rote Currypaste und Schalottenwürfelchen
je 1 EL Limettensaft und brauner Zucker
1 Msp. Cayennepfeffer

- Die Hälfte der Nüsse sehr fein hacken, andere Hälfte pürieren
- Schalotten in Öl andünsten, mit Kokosmilch ablöschen, 5 min köcheln lassen, Nussmus dazugeben, alles mischen, abfüllen

Kochwurst 1x1

Bei den Kochwürsten bleiben die Hände warm, das wird die ewig Verfrorenen freuen. Im Gegensatz zu den Rohwürsten muss hier die Masse nämlich nicht eiskalt verarbeitet werden.

DIE RICHTIGE WAHL

Bevor Sie mit dem Wursten von Kochwurst loslegen noch ein paar hilfreiche Tipps:

- Geeignet sind alle Fleischarten einschließlich Schwarten, Haut, Innereien oder Blut.
- Planen Sie eine ausreichende Menge Schwarte als „Kitt“ ein.

SO GEHT'S

- Alle Fleischteile, auch Leber, weich kochen, sehr große Stücke vorher grob zerteilen (verkürzt die Kochzeit)
- Leber und andere Innereien roh zugeben oder kurz in etwas Butter andünsten, braten oder blanchieren
- Schwarten weich kochen, bis sie zwischen Daumen und Zeigefinger quetschbar sind
- Einlegefleisch immer durchgaren und als Stückchen zum Schluss dazugeben
- Weitere Zutaten wie Gemüsestückchen u.Ä. vorab weich dünsten
- Blutpulver stets nach Herstellerhinweisen vorab auflösen
- Würze und Salz nicht vergessen
- Wurstmasse möglichst fein zerkleinern (pürieren), abfüllen und abbinden (wie die Wurst in die Pelle kommt, steht auf Seite 41)

KLEINE TRICKSEREIEN

Für Wurst, die einen feinen Rauchgeschmack bekommen, aber in Gläser eingekocht werden soll, müssen einige Zutaten (wie etwa Leber, Zwiebeln oder Fleisch) für den besonderen Rauchgeschmack vorweg heiß geräuchert werden.

Alle Kochwürste – von schnittfest bis streichfähig – werden während des Herstellungsprozesses zweimal gegart. Zunächst bei der Verarbeitung, dann, nach dem Abfüllen und abbinden, muss erneut heiß gebrüht und kann danach eventuell kalt geräuchert werden.

Brühzeit für Kochwürste: pro 1 cm Wurstdurchmesser 10 min bei 65–95 °C

Garzeit für Kochschinken: pro 1 kg Fleisch ca. 60 min bei 70–80 °C

Im Dampf gegart: pro 1 cm Wurstdurchmesser 8 min bis ca. 110 °C

Zum Brühen werden Kochwürste in der Regel in heiße Brühe gelegt, danach in einem Becken mit kaltem Wasser abgekühlt und anschließend abgetrocknet. Schinken werden roh oder gekocht geräuchert.

Haltbarkeit: Kochwurst, die nicht im Glas eingekocht wird, ist, selbst wenn sie gut eingepackt und kalt gelagert wird (ideal bei 0–4 °C) je nach Art und Beräucherung nur begrenzt haltbar: maximal 3–14 Tage.

Leberwurst aufs Brot: lecker!

KOCHWURST GRUNDREZEPT

Damit kann nichts schief gehen

750 g gemischtes Hack
250 g Bauchspeck mit Schwarte
je 1 EL Salz, Nitritpökelsalz oder Salz + Salpeter
2 TL Würzmischung (auf Seite 78)
Mit Blut: bis zu 50 % des Fleisch- und Bauchanteils durch Blut ersetzen
Mit Leber: bis zu 40 % des Fleisch- und Bauchanteils durch Leber ersetzen

- Alle Fleischteile kurz in etwas Butter andünsten oder in Brühe weichkochen und anschließend herausnehmen
- Schwarten weich kochen, bis sie zwischen Daumen und Zeigefinger quetschbar sind
- Wurstmasse möglichst fein pürieren, eventuell von der Brühe etwas dazugeben (Blut dann erst untermischen), mit Salz, Pfeffer und Gewürzen abschmecken
- Abfüllen und abbinden
- Pro cm Durchmesser 10 min bei 65–90 °C brühen
- In kaltem Wasser „abschrecken", kalt oder warm räuchern
- Möchten Sie Kochwurst mit Räuchergeschmack haben, sollten Sie z.B. die Leber oder auch einige Fleischstücke vorab heiß räuchern und dann erst weiterverarbeiten (das Kochen der betreffenden Stücke dann weglassen) und in Gläser abfüllen (maximal bis ⅔ Höhe). Garzeit 10 min bei 80–100 °C pro cm Glasdurchmesser

WIE LANGE RÄUCHERN?
Wenn Sie Kochwurst räuchern möchten: Nach dem zweiten Brühen 1–5 Tage pro cm Gutdurchmesser im Kaltrauch mit Pausen.

BELEIDIGTE LEBERWURST
Früher glaubten die Menschen, die Leber sei der Sitz der Gefühle im menschlichen Körper. Und wenn sich jemand in seinen Gefühlen verletzt fühlte, hatte er eine beleidigte Leber. Die Wurst kam so in den Ruf: Die Leberwurst, eine Kochwurstsorte, muss länger kochen als manch andere und was liegt da also näher, als dass sie deswegen schon einmal beleidigt ist?

FEINE LEBERMOUSSE

Ein bisschen Berlin, ein bisschen Normandie

400 g Leber
½ Becher Sahne
2 EL Butter
je 4 EL Zwiebelwürfel und Apfel gerieben
½ Bund Majoran gerebelt
3 EL Calvados
1 EL Apfelessig
3 Blatt weiße Gelatine
etwas Butter zum Andünsten

- Gelatine einweichen
- Leber, Äpfel und Zwiebeln 10 min in etwas Butter andünsten
- Butter schmelzen, Leber-Mischung dazugeben, mit Sahne ablöschen, 2–3 min köcheln lassen, alles fein pürieren
- Calvados erhitzen, Gelatine ausdrücken und darin auflösen
- Alle Zutaten mischen, mit Salz und Pfeffer abschmecken
- Abfüllen, abbinden
- Pro cm Wurstdurchmesser 10 min bei maximal 75 °C (nicht höher, sonst geliert die Sache nicht!) brühen und anschließend kalt räuchern

ZWIEBEL-LEBER-AUFSTRICH

Essen und genießen

100 g Leber
1 Eigelb
3 EL weiche Butter
je 2 EL Schalottenwürfelchen, Walnusssplitter, Sojasauce und Sahne
je 1 TL Portwein und Honig
½ TL Salz
je 1 Msp. Pfefferschrot, Thymian und Majoran
etwas Butter zum Andünsten

- Leber 10 min in etwas Butter andünsten
- Schalotten und Nüsse in der Butter andünsten, dann Portwein und Sahne dazugeben
- Alle Zutaten in einen Mixer geben und fein pürieren
- Abschmecken, durch ein Sieb streichen
- Abfüllen, abbinden
- Pro cm Wurstdurchmesser 10 min bei maximal 95 °C brühen und anschließend kalt räuchern

Tipp: Für eine alkoholfreie Variante ersetzen Sie einfach den Alkohol durch Traubensaft.

Geräuchertes schmeckt immer!

BÄRLAUCH-LEBERWURST

Mit feiner Bärlauchnote

je 500 g Schweinebauch und mageres Schweinefleisch
450 g Schweineleber
1 große rote Zwiebel grob gehackt
100 g Milch
50 g Schmand
je 1 EL Nitritpökelsalz, gerebelter Bärlauch und frischer Majoran
je 1 Msp. weißer Pfeffer, Macisblüte und Muskat
1 TL Honig
etwas Butter zum Andünsten

- Bauch und Fleisch weich kochen
- Leber und Zwiebel 10 min in etwas Butter andünsten
- Alle Zutaten wolfen, mischen, abschmecken und pürieren
- Abfüllen, abbinden
- Pro cm Wurstdurchmesser 10 min bei 65–95 °C brühen und anschließend kalt räuchern

KALBSLEBERAUFSTRICH

Schmeckt fast jedem in der Familie

je 350 g Kalbsleber und geräucherte Schweineschulter
1 Zwiebel grob gehackt
4 EL Sahne
2 EL Schmand
je 1 TL Majoran und Honig
½ Tasse Rotwein
Salz und Pfeffer
etwas Butter zum Andünsten
Sud: 2 Tassen Wasser, je 1 EL Essig und Zwiebelwürfel, 1 Lorbeerblatt, 2 Nelken

- Sud mischen, Schulter darin weich kochen, herausnehmen, etwas abkühlen lassen und grob würfeln
- Leber grob würfeln, mit den Zwiebeln in Butter andünsten. Mit dem Rotwein ablöschen, 2 min köcheln, dann abkühlen lassen
- Sämtliche Zutaten in einen Mixer geben und fein pürieren, eventuell etwas Sud dazugeben, mit Salz und Pfeffer abschmecken
- Durch ein Sieb streichen
- Abfüllen, abbinden
- Pro cm Wurstdurchmesser 10 min bei maximal 95 °C brühen und anschließend kalt räuchern

PERFEKTE LEBERWURST-GEWÜRZMISCHUNG

Diese Mischung passt immer: Pro kg Fleisch nehmen Sie davon zusätzlich zu dem obligaten EL Nitritpökelsalz ebenfalls 1 EL. Die Mischung ist als Würze für Leberwurst geeignet, doch auch vieles andere wie beispielsweise Fleischgerichte (z.B. Frikadellen oder Gulasch), Salate, Suppen, Saucen und Dressings können Sie damit fein abschmecken:
je 1 EL Pfeffer, Ingwer, Kardamom und Macisblüte gemahlen
Mark von einer Vanilleschote
je 6 EL Honig und gerebelter Majoran
4 große, in 1 EL Butter gedünstete Zwiebeln

- Alles in ein Schraubdeckelglas geben, gut vermischen
- Glas mit passendem Deckel fest verschließen und kalt stellen

SCHMECKT AUCH DEN KLEINEN
Wenn Sie das Nitritpökelsalz durch Salz ersetzen, wird die Wurst zwar grau bleiben, aber sie kann dann auch von Kleinkindern gegessen werden. Diese sollten bekanntlich ja die ersten Jahre möglich nichts Nitrithaltiges essen!

FEINE SAHNE-LEBERWURST

Fürs Sonntagsfrühstück

400 g mageres Schweinefleisch
250 g Bauchspeck
200 g Schweineleber grob zerteilt
1 Zwiebel grob gehackt
4 EL Sahne
1 EL Nitritpökelsalz
1 Msp. Ascorbinsäure
je 1 TL Butter, Majoran und Honig
je 1 Msp. Macisblüte, Piment, Senfsaat, Salz und Pfeffer
etwas Butter zum Andünsten
Sud: 1 Glas Wasser, 1 TL gekörnte Brühe, 1 Lorbeerblatt, 2 Nelken

- Leber würfeln, 10 min in Butter andünsten
- Mit Sahne ablöschen, 2 min köcheln lassen, zur Seite stellen
- Sud mischen und Fleisch darin weich kochen, herausnehmen, Sud aufbewahren
- Leber und gekochtes Fleisch wolfen
- Alle Zutaten inklusive Sud in einen Mixer geben und fein pürieren
- Abschmecken
- Abfüllen, abbinden
- Pro cm Wurstdurchmesser 10 min bei maximal 95 °C brühen und anschließend kalt räuchern

DAS SCHMECKT AUCH …
Schnittlauch-Leberwurst: vor dem Pürieren zusätzlich ein Bund Schnittlauch dazugeben
Preiselbeer-Leberwurst: nach dem Pürieren 2 EL Preiselbeeren aus dem Glas hinzufügen
Knoblauch-Leberwurst: 2 zerkleinerte und in etwas Öl angedünstete Knoblauchzehen mitpürieren
Leberwurst mit Backobst: nach dem Pürieren ½ Handvoll gewolfte Trockenfrüchte untermischen
Leberwurst Italiana: vor dem Pürieren 2–3 getrocknete Tomaten und 1 EL Pinienkerne dazugeben
Maronen-Leberwurst: nach dem Pürieren 2 EL gewolfte Maronen untermengen
Trüffelleberwurst: nach dem Pürieren 2 EL Trüffelpaste dazugeben

ZWIEBELWURST

Für Kenner

je 200 g mageres Schweinefleisch und -bauch
140 g Bauchspeck mit Schwarte
200 g rote Zwiebeln grob zerteilt
2 Knoblauchzehen geschält
1–2 Kellen Brühe
1 Scheibe Toastbrot
je 2 EL Schmand und Weinbrand
1 EL Tomatenmark
¾ EL Nitritpökelsalz
je 1 TL Thymian, Paprika edelsüß und rosenscharf
je 1 Msp. Macisblüte, Senfsaat, Zimt und Pfeffer

- Fleisch, Bauch, Speck, Zwiebeln und Knoblauch mit Brühe bedeckt weich kochen
- Fleisch, Gemüse und Toastbrot wolfen
- Alle Zutaten mischen, abschmecken
- Abfüllen, abbinden
- Pro cm Wurstdurchmesser 10 min bei maximal 95 °C brühen und anschließend kalt räuchern

FEINE ALTERNATIVEN
Statt Blut nehmen Sie für Boudin blanc 2 Eier und 400 g Geflügelfleisch oder für Boudin rouge 2 Eier und 400 g Schweinefleisch – probieren Sie es doch einfach mal aus! Zu allen Arten passt: warmer Kartoffelsalat und Dattelsenf.

BOUDIN NOIR

Sozusagen die Urwurst aus Frankreich

500 ml frisches, am besten noch warmes Schweineblut (Blut notfalls durch Blutpulver + Ei + Milch ersetzen)
500 g Bauchspeck fein gewürfelt
4 Zwiebeln grob gehackt
je 2 Äpfel und Kartoffeln geschält und grob geraspelt
1 Knoblauchzehe fein zerdrückt
1 EL Meersalz
je 2 EL Calvados und Sahne
1 TL Majoran
je 1 Msp. Pfeffer, Zimt, Kerbel gerebelt, Macisblüte oder Muskat und Nelke
etwas Butter zum Andünsten

- Butter schmelzen, Kartoffeln, Zwiebeln, Knoblauch und Bauchspeck andünsten, mit Calvados und Sahne ablöschen, 5 min weich kochen
- Blut oder Blutmischung, Salz und Gewürze dazurühren
- Abfüllen, abbinden
- Pro cm Wurstdurchmesser 10 min bei maximal 95 °C brühen und anschließend kalt räuchern

BADISCHE KÄSRAUCHWURSCHT

Mit Käsestückchen gespickt

400 g mageres Schweinefleisch
je 300 g geräucherter Schweinbauch und gepökelte Schweineschulter
4 EL feine Käsewürfelchen
1 EL Nitritpökelsalz
je 1 Msp. weißer Pfeffer, Muskat, Koriander und Macisblüte
Brühe

- Fleisch, Bauch und Schulter mit Brühe bedeckt weich kochen, herausnehmen und wolfen
- Alle Zutaten mischen, eventuell etwas Brühe zugeben, damit der Wurstteig schön geschmeidig wird
- Abschmecken
- Abfüllen, abbinden
- Pro cm Wurstdurchmesser 10 min bei maximal 95 °C brühen und anschließend kalt räuchern

LANDWURST

Rustikaler Genuss

je 400 g durchwachsenes Rind- und Schweinefleisch
je 100 g Speckschwarte und Zunge in feinen Würfeln
1 TL Butter zum Andünsten
1 EL Nitritpökelsalz
je 2 EL Brandy und Sahne
je ½ TL Honig und Zimt
je 1 Msp. Macisblüte, Kardamon, Pfeffer weiß und Piment
je 1 TL Senfsaat und Majoran
½ Zwiebel grob zerteilt
1 gekochte Kartoffel
eventuell etwas Milch

- Fleisch in etwas gesalzenem Wasser weich kochen, herausnehmen und wolfen
- Zwiebeln, Schwarte und Zunge in der Butter andünsten, mit Brandy und Sahne ablöschen, 5 min darin weich kochen, wolfen
- Alle Zutaten mischen, eventuell etwas Milch zugeben, damit der Wurstteig schön geschmeidig wird
- Abfüllen, abbinden
- Pro cm Wurstdurchmesser 10 min bei maximal 95 °C brühen und anschließend kalt räuchern

Feine Räucherwurst und -fleischsalate

„Beim Wurstsalat hört der Spaß auf", so hörte man irgendwann mal einen Komiker sagen … und dabei geht's doch so einfach: Alle Zutaten mischen, abschmecken – fertig!

HÜHNCHENSALAT CASIMIR

Geflügel für das Sonntagsfrühstück

je 100 g geräucherte Hähnchen- und Entenbrust in feinen Würfeln
4 große frische Champignons in Scheibchen
50 g gekochter Spargel in kleinen Abschnitten
50 g Ananasstückchen
150 g Mayonnaise
je 4 EL Ananassaft und glatte Petersilie
je 1 EL Schalotten klein gewürfelt und Crème fraîche
je 1 Msp. Curry, Macisblüte und Senfpulver
Salz und Pfeffer

Fleischsalate – einfach und lecker.

FLEISCHSALAT CORBINIAN

mit feinem Käse

500 g Schäufele gekocht und geräuchert in feine Streifen geschnitten
500 g geriebener Käse
2 rote Gemüsezwiebeln sehr fein gewürfelt
6 EL feines Öl
je 3 EL Schnittlauch in Röllchen, Wasser und Weißweinessig
1 EL Senf
je 1 EL Preiselbeeren und Sahnemeerrettich
1 TL Zucker
Pfeffer und Salz

FLEISCHSALAT CASPAR

Einmal probiert, nie mehr missen

je 100 g Brühwurst (z.B. Fleischwurst), Kasseler und Bratenaufschnitt jeweils geräuchert und in feine Streifchen geschnitten
6 kleine Gewürzgurken gerieben
2 EL feine Schalottenwürfelchen
4 EL Mayonnaise
2 EL glatte Petersilie fein gehackt
je 1 TL brauner Zucker und Weißweinessig
einige Spritzer Maggi
Salz und Pfeffer

FLEISCHSALAT CRISPIN

Fleischsalat ohne Mayonnaise

je 100 g Brühwurst, roher und gekochter Schinken jeweils geräuchert und in feine Streifchen geschnitten
4 Gewürzgurken fein gewürfelt
je 2 TL Zitronenessig und Zitronensaft
1 TL Senf
je 2 EL Pflanzenöl und Schmand
Salz und Pfeffer

WURSTSALAT CYPRIAN

Der Klassiker pur und unverfälscht

500 g geräucherte Brühwurst (z.B. Fleischwurst) und in feine Streifchen geschnitten
100 g geriebener Käse wie Allgäuer oder Schweizer Emmentaler
1 Schalotte fein gewürfelt
3–4 Cornichons fein gewürfelt
2 EL weißer Balsamico
1 EL feines Öl
1–2 Spritzer Maggi
Salz und Pfeffer

FEINE FLEISCHSALAT-VARIATIONEN

Menge an Wurst, Schinken oder Braten etc. zur Hälfte ersetzen durch ...

Gourmet: mit geräucherter Fleischwurst, Schnittlauchröllchen und Orangenschale

Bloody Mary: mit geräucherter Schwarzwurst, Senfsaat und Johannisbeergelee

Schnuckenart: mit geräuchertem Lammschinken, Wacholderbeeren zerdrückt, Petersilie und Apfel

Berlinale: mit geräuchertem Kasseler, Schnittlauch, Meerrettich und Senfgurken

Oranje: mit geräucherten Putenstreifchen, Mais, Edamer und Mixed Pickles

Italiana: mit Rauchschinken, Parmesanstückchen, getrockneten Tomaten und Oliven

Schickeria: mit geräucherter Käsewurst, Knoblauch, Honig und Zitronenschale

GEMÜSE, OBST, KÄSE, EIER UND MEHR

Alle Völker dieser Welt kennen das Räuchern zur Verfeinerung und Haltbarmachung von Lebensmitteln. Die Skandinavier lieben Räucherfisch aller Art, in Deutschland sind geräucherte Würstchen der Dauerrenner, in der Karibik räuchert man selbst Obst und in Afrika oder Asien nimmt man als Räucherwerk für feinen Geschmack auch Kokosnussrinde.

Was man sonst noch räuchern kann

Räuchern muss sich nicht auf Fisch und Fleisch beschränken – es geht noch viel mehr! Im Prinzip kann man nämlich (fast) alles räuchern, egal ob Salz, Eier, Gemüse, Pilze, Käse, Nüsse ... probieren Sie es einfach mal aus!

Rauchsalz ist ganz leicht selbst zu machen.

Salz räuchern

Wenn Sie Salz räuchern wollen, ist es am einfachsten, eine Portion Salz in einen Teefilter oder ein Stoffsäckchen zu füllen und bei der nächsten Gelegenheit mit anderem Räuchergut zusammen zu räuchern. Möchten Sie Salz allein machen, müssen Sie ein kleines Schälchen gefüllt mit Wasser dazustellen. Danach Salz auskühlen und ganz trocken werden lassen und in ein Glas füllen.

Für ein ...

- **Chili-Räucher-Salz** einfach einige Chiliflocken
- **Vanille-Räucher-Salz** etwas Vanillemark
- **Blüten-Räucher-Salz** einige trockene Blüten, z.B. Lavendel
- **Knoblauch-Räuchersalz** getrocknete Knoblauchwürfelchen ... dazumischen.

Das geht ebenso mit trockenen Kräutern, Schinkenstückchen und so weiter und so fort.

Für die Brunchtafel der Hit, oder auch einfach so: Smokey Eyes.

Eier räuchern

KEIN NETZ ZUR HAND?
Zum Räuchern von Eiern eignen sich wunderbar z.B. Netze von Zwiebeln, Kartoffeln u.Ä.

Nichts einfacher als das: Um Eier zu räuchern, brauchen Sie diese dafür einfach nur kochen, abschrecken und abpellen und an der Luft einige Minuten antrocknen lassen. Anschließend legen Sie die Eier auf einen Rost, in Eierkartons oder füllen Sie diese in Netze. Nun einfach für 10 min in den Heiß- oder Warmrauch stellen oder hängen – fertig. Aber es geht noch mehr und nicht nur mit hart gekochten Eiern!

DAZU SCHMECKT …
Am besten schmecken Raucheier auf frischem Butterbrot, vielleicht mit etwas Senf bestrichen und leicht gesalzen, dazu eventuell ein Gürkchen, eine aufgeschnittene Tomate etwas Schnittlauch oder Remouladensauce und eine dünne Scheibe Schinken.

HONIG-KRÄUTER-EIER
Feine Mischung

6 Eier
1 EL Honig
1 Handvoll getrocknete grüne Kräuter, z.B. Thymian und Rosmarin

- Eier hart kochen, abschälen, einige Minuten antrocknen lassen, in Honig wälzen
- Räuchermehl mit den Kräutern mischen, Eier auf gefettete Alufolie legen
- Heiß räuchern

RÄUCHER-EIER
Mal was anderes

6 Eier

- Eier hart kochen, abschälen, einige Minuten antrocknen lassen, Eier auf gefettete Alufolie legen
- Heiß räuchern

Tipp: Bestreichen Sie die Eier nach dem Räuchern mit Öl und wälzen Sie sie in Pfefferschrot, frischen Kräutern oder einer Paprikamischung.

GEBEIZTE RÄUCHER-EIER

Klassisch gut

6 Eier
Beize: ½ l Wasser, je 1 TL Pfefferkörner und Wacholderbeeren, 3 Lorbeerblätter
2 TL Senfsaat, je ¼ l feiner Essig und trockener Wein,
2 EL Salz

- Sud aufkochen, abkühlen lassen
- Hart gekochte Eier mit rundum angeschlagener Schale in ein hohes Gefäß legen, Sud darübergießen und 2 Tage in kühler Umgebung ziehen lassen
- Eier rausnehmen, trocken tupfen, Eier auf gefettete Alufolie legen
- Heiß räuchern

SMOKEY EYES

Würzig lecker

6 gekochte Eier geschält und längs halbiert
je 1 Msp. Pfeffer, Koriander, Wacholderbeeren zerdrückt, Muskat
je 1 TL Schmand, Honig, Senf und Sojasauce
Salz

- Eigelb aus den Eiweiß pulen, mit Gewürzen mischen, Eiweißhälften auf Alufolie setzen, auf jede Eihälfte einen Klacks von der Eigelb-Würzmischung geben
- Warm räuchern

GESTOCKTES RAUCHEI

Würzige Variante für vielerlei Ideen

6 Eier

- Eier verquirlen, in kleine feuerfeste und gefettete Förmchen gießen, mit Folie leicht abdecken, 15 min im Backofen bei 170 °C stocken lassen
- Warm räuchern

DAS SCHMECKT AUCH …
Als Suppeneinlage sehr fein, auch mit Kräutern o.Ä. noch angereichert.

Obst, Gemüse und Pilze räuchern

Egal was Sie räuchern, es ist ein besonderer Genuss. In Kombination mit frischem Brot, Schinken oder Käse, dazu ein Schlückchen Wein oder Wasser – immer lecker!

KARTOFFELN AUS DEM RAUCH

Einfach nur lecker

Frisch gekochte Pellkartoffeln
je 1 EL Kräutersalz und Sonnenblumenöl

- Kartoffeln halbieren, auf Alufolie setzen und die Schnittflächen mit der Öl-Salz-Mischung einpinseln
- Heiß räuchern

BRATKARTOFFELN DE LUXE
Reste als Bratkartoffeln verwenden – der Geheimtipp für Vegetarier, die den Schinkengeschmack vermissen!

FÜR KARTOFFEL-VARIATIONEN KÖNNEN SIE SICH HIER RICHTIG AUSTOBEN
Einige Vorschläge finden Sie hier: Mischen Sie zusätzlich unter das Sonnenblumenöl für …

Chilikartoffeln: 1 TL Chiliflocken
Rosmarinkartoffeln: einige Rosmarinnadeln
Salbeikartoffeln: 1 EL Salbeiblättchen
Zitronen-Thymian-Kartoffeln: je ½ TL Zitronenpfeffer und Thymian
Speck-Kartoffeln: je 1 EL Speck- und Schalottenwürfel
Majoran-Nuss-Kartoffeln: je 1 TL Majoran und Haselnusssplitter
Birne-Zimt-Kartoffeln: ½ Birne gerieben, 1 Msp. Zimt
Aprikosen-Curry-Kartoffeln: 1 Aprikose gerieben, 1 TL Curry
Blütenkartoffeln: 2 EL essbare Blüten
Knoblauchkartoffeln: 1 Knoblauchzehe zerdrückt, 1 EL BBQ-Sauce

Räucherpasten adeln Saucen, Suppen, Dips und Dressings.

PASTE AIL FUMÉ

Schlemmen wie in Frankreich

6 frische, ganze Knoblauchknollen
6 EL Olivenöl
3 EL Meersalz

- Knollen teilen, Zehen aus der Schale drücken (vorweg 15 Sekunden mit etwas Wasser in der Mikrowelle erhitzen, dann geht's ganz leicht)
- Zehen in etwas Öl andünsten, dann auf gefettete Alufolie legen, heiß räuchern, auskühlen lassen
- Knoblauchzehen zusammen mit dem Salz und Öl pürieren
- Abfüllen, dicht verschließen

DAS GEHT AUCH ...

Probieren Sie es auch mit geräucherten Paprika- oder Chilischoten, Zwiebeln oder Pilzen – alle Varianten sind als Würzpasten universell einsetzbar!

KÄSE-LIMETTEN-OLIVEN-KARTOFFELN

Exotisch gut

Pro Person 1 Handvoll sehr kleine, frisch gekochte Pellkartoffeln
je 1 Handvoll Oliven entkernt und Käsewürfel
Saft von einer Limette
½ TL Limettenschale
2 EL Zwiebelwürfel
je 1 Msp. Thymian, Curry, Koriander, Piment, Zimt, Muskat, Pfeffer und Kreuzkümmel
Spieße

- Gewürze mischen, Kartoffeln, Käsewürfel und Oliven auf Spieße fädeln
- Spieße mit der Mischung gründlich einpinseln
- Auf gefettete Alufolie setzen
- Warm räuchern

GEFÜLLTE RAUCHPILZE

Mit Speck und Zwiebeln gefüllt

4 große Champignons
je 2 EL Zwiebelwürfel, Semmelbrösel und Speckwürfel
je 1 TL Portwein, glatte Petersilie, Schmand und Speck
je 1 Msp. Salz und Pfeffer
1 TL Butter zum Andünsten

- Pilze aushöhlen, Zwiebelwürfel, Semmelbrösel und Speckwürfel in der Butter andünsten
- Mit Portwein, Petersilie und Schmand verrühren, mit Salz und Pfeffer abschmecken
- Mischung in die Pilze füllen
- Auf gefettete Alufolie setzen
- Warm räuchern

Ob gelb, rot oder lila – geräuchert schmecken Kartoffeln immer.

GERÄUCHERTE SELLERIESTANGEN

Feines Gemüse aus dem Rauch

Pro Person 1 fast gar gekochte Stange Stellerie
je 1 EL Sonnenblumenöl und Salz
je 1 Msp. brauner Zucker und Cayennepfeffer

- Gewürze und Öl mischen
- Selleriestange auf Alufolie setzen und mit der Ölmischung einpinseln
- Heiß räuchern

MAISKOLBEN MIT TRÜFFELÖL

Mit ganz besonderem Aroma

6 frisch gekochte Maiskolben
2 EL Trüffelöl
1 EL weißer Portwein
je 1 Msp. Salz und Pfeffer

- Gewürze und Öl mischen, Kolben auf Alufolie auslegen, mit der Würze bestreichen
- Heiß räuchern

GERÄUCHERTE SÜSSKARTOFFELSTICKS

Erinnert an die Karibik

1 frisch gekochte Süßkartoffel in Pommesgröße als Sticks geteilt
je 1 EL Sherry, Schmand, Olivenöl und Honig
1 EL Orangenmarmelade
je 1 Msp. Salz und Pfeffer

- Gewürze und Öl mischen, Sticks auf Alufolie auslegen, mit der Würze bestreichen
- Heiß räuchern

KÜRBIS AUS DEM RAUCH

Vegan

6 fast gar gekochte Kürbisscheiben
je 1 EL Sesamöl und brauner Zucker
2 EL Chilisauce
1 TL Sojasauce
je ½ TL Zwiebelsamen und Pfefferschrot
je 1 Msp. Salz und Pfeffer

- Gewürze und Öl mischen, Kürbisscheiben auf Alufolie auslegen, mit der Würze bestreichen
- Heiß räuchern

NOCH 'NE VEGANE VARIANTE

Probieren Sie die Sache doch auch mal mit Tofuscheiben (ohne Vorgaren).

HONIG-ESTRAGON-SPARGEL

Mal ganz anders

1 kg Spargelstangen geschält und gekocht
je 1 EL Balsamico-Essig weiß, Honig, Estragonblättchen und Zitronensaft
2 EL Schalottenwürfelchen
je 1 Msp. Salz und Pfeffer

- Gewürze mischen, Spargel auf Alufolie auslegen, mit der Würze bestreichen
- Warm räuchern

Tipp: Gemüse können Sie auch roh räuchern, nur dann dauert es leider viel länger!

SCHARFE GEMÜSE-TOFU-SPIESSE

Für Veggie-Fans

je 250 g Tofu, Zucchini, Champignons, Auberginen, Paprika mundgerecht zerteilt in Scheiben oder Würfel
2 Knoblauchzehen zerdrückt
2 EL Terykaisauce
je 1 TL Honig, Sambal Oelek und Senf
½ TL Pfeffer

- Backofen vorheizen
- Gewürze mischen, mit dem Gemüse mischen und auf Spieße fädeln
- Auf Alufolie auslegen, im Backofen bei 180 °C ca. 35 min backen
- Warm räuchern

Beschwipste Rauchpflaumen – lecker zu Vanilleeis.

PAPRIKA-TOMATEN-GEMÜSE

Gruß aus Italien

je 1 rote Zwiebel in groben Würfeln, rote und gelbe Paprikaschote geputzt und längs in Schoten geschnitten
2 Strauchtomaten in Vierteln
je 1 TL Sherry, Knoblauch zerdrückt, Rosmarinnadeln gehackt, brauner Zucker
2 EL Olivenöl
Salz und Pfeffer

- Backofen auf 200 °C vorheizen
- Alles, außer Öl und Rosmarin, mischen
- Auf einem mit Backpapier ausgelegten Backblech verteilen, Öl und Rosmarin darauf verteilen, mit Alufolie gut abdecken
- Heiß räuchern oder
- 45 min im Ofen backen, Alufolie entfernen

POLENTA-AUFLAUF

Auflauf nach Cowboy-Art

250 g Polenta
je ½ l Milch und Wasser
4 rote Zwiebeln fein längs geschnitten
2 Knoblauchzehen zerdrückt
je 1 EL frisch gehackt Oregano, Salbei, Basilikum und Rosmarin
2 EL Olivenöl
4 EL Sherry oder Apfelsaft
20 g Parmesan
je 200 g Käsereste nach Belieben und Speckwürfel
½ Becher Crème fraîche
Salz, Muskat, Pfeffer

- Speckwürfel, Zwiebeln und Knoblauch im Öl andünsten, mit Saft oder Sherry ablöschen, 10 min garen
- Kräuter dazugeben, weitere 2 min kochen, zur Seite stellen
- Käse reiben, Kuchenform mit Backpapier auslegen
- Milch und Wasser zum Kochen bringen, Polenta einrühren, mit Muskat, Pfeffer und Salz würzen, 10 min bei kleinster Hitze und immer mal Umrühren quellen lassen, in Backform gießen
- Crème fraîche und Käsereste mit der Speck-Zwiebel-Masse mischen und über die Polenta geben, glatt streichen
- Warm räuchern, abkühlen lassen, wie Kuchenstücke aufschneiden

FEINE VARIATIONEN

Statt Käsereste, Kräuter und Speck nehmen Sie Gorgonzola, Nüsse und Birnen. Für eine süße Variante können Sie einen Belag aus Ricotta, Ei, Rosinen und Vanillezucker machen (Salz reduzieren).

RÄUCHERAPRIKOSEN

Süß und rauchig

6 Aprikosenhälften (oder auch Pfirsich- bzw. Nektarinenhälften)
Beize: je 1 EL Orangensaft und weißer Portwein, je ½ TL Honig und rote Currypaste, einige Rosmarinnadeln

- Beize mischen, Aprikosenhälften auf gefettete Alufolie legen, mit Beize einpinseln
- 1 Stunde ziehen lassen
- Warm räuchern

DAZU SCHMECKT ...
Besonders lecker mit gekochtem Schinken und Ziegenkäse.

RAUCHAPFEL

Leckeres in der Weihnachtszeit

4 säuerliche Äpfel
je 1 EL Marzipanmasse, Honig, Rosinen, Amaretto, Mandeln gemahlen und getrocknete Backpflaumen fein geschnitten
je ½ TL Orangenschale und Zimt
Butter zum Einpinseln

- Gehäuse aus den Äpfeln entfernen, Füllung mischen und hineinstopfen
- Äpfel auf gefettete Alufolie setzen, mit Butter einpinseln
- Heiß räuchern oder 1 Stunde im Backofen bei 200 °C garen, dann warm räuchern

BESCHWIPSTE RAUCHPFLAUMEN

Fein zu Vanilleeis

6 getrocknete Pflaumen
Öl zum Einpinseln
Füllung: je 1 EL Honig, Mandeln gemahlen und Rum (oder Sherry, Port, Rotwein ...), je ½ TL Orangenschale, Kardamon, Koriander, Vanillezucker und Zimt, Salz

- Pflaumen halbieren, in etwas Öl andünsten
- Auf eine Alufolie setzen, Füllung mischen und auf den Pflaumen verteilen
- Warm räuchern

DAZU SCHMECKT ...
Ofenkartoffeln mit scharfer Sour Cream.

TIPP FÜR SPASS AM LAGERFEUER
Die Rezepte, ob für Fleisch, Fisch, Gemüse, Obst etc., können Sie ganz einfach auch fürs Lagerfeuer nehmen: Alles in Alufolie fest einpacken und für 10–15 min in die Glut legen – oder auf Stöcke aufspießen und genau wie Stockbrot rösten und dabei zugleich räuchern.

SCHOKO-BANANEN

Mit Lagerfeuerpotenzial

1 Banane
2 EL Schokoflocken oder Stückchen

- Ungeschälte Banane längs aufschlitzen, jeweils halbieren
- Eine Hälfte mit Schokostückchen belegen, mit den anderen Hälften bedecken, fest in Alufolie einpacken
- Heiß räuchern oder 20 min im Backofen bei 200 °C garen und warm räuchern

MARSHMALLOWS

Genuss pur

150 g Puderzucker
75 g Wasser
2 EL Fruchtpulver oder 50 g frische Früchte
2 Beutel gemahlene Gelatine
je 1 EL Puderzucker und Speisestärke für die Form

- Wasser mit Gelatinepulver mixen, Masse auf 80 °C erwärmen
- Fruchtpulver, Puder- und Vanillezucker dazugeben, Masse 5 min lang kräftig mit Rührstab oder Mixer rühren
- Form mit Frischhaltefolie auslegen
- Puderzucker und Stärke mischen und die Hälfte davon auf der Folie verteilen
- Masse eingießen, restliche Stärke-Zucker-Mischung daraufstreuen
- Masse mindestens 2 Stunden fest werden lassen, danach in Würfel schneiden
- Auf Stock aufspießen und über dem Lagerfeuer rösten oder auf Alufolie auslegen und warm räuchern

Marshmallows homemade – ganz leicht selber zu machen. Am Stock geräuchert ein toller Lagerfeuer-Nachtisch!

Zum Knabbern, Heilen und Würzen gleichermaßen geeignet: Räucherbeeren.

BEEREN AUS DEM RAUCH

Zum Knabbern, Heilen und Würzen

2 Handvoll Beeren (Heidelbeeren, Johannisbeeren, Himbeeren, Weintrauben u.Ä.)

- Beeren trocknen und anschließend im Kaltrauch räuchern, bis sie ganz trocken und sehr schrumpelig sind

HEILMITTEL RÄUCHERBEEREN

Beeren aller Art sind entweder in Gärten zu finden, an Wiesen oder in Wäldern (und zur Not im Supermarkt und auf dem Wochenmarkt). Die meisten Beeren sind ungiftig, manche müssen vorweg dafür jedoch gekocht werden wie beispielsweise Holunderbeeren. Aber Beeren, ihre Blüten, Blätter und teilweise sogar die Wurzeln eignen sich zum Trocknen und sind für den Vorrat eine feine Sache – und damit griffbereit für alle Speisen. Ebenso sind Beeren Heilmittel und damit als wirkungsvolle Alternative oder komplementäre Mittel zu schulmedizinischen Produkten einsetzbar. Rauch gibt Beeren eine besondere Note. Hier finden Sie eine kleine Auswahl sowie die Anwendungsmöglichkeiten:

Aroniabeere: Gefäßerkrankungen, Bluthochdruck, Appetitlosigkeit und Magendrücken
Berberitze: Leber- und Nierenerkrankungen, Rheuma
Brombeere: Venenleiden, Sodbrennen, Durchfall und Akne
Erdbeere: Gicht, Libidostärkung, Blasenentzündung
Gojbeere: Erkältungen, Fettverbrenner
Hagebutte: Erkältungen, Venenleiden, Zahnfleischbluten und Appetitlosigkeit
Heidelbeere: Magen-Darm-Grippe, Durchfall, Husten, Diabetes, Mundgeruch, Leberbeschwerden, Zahnfleischentzündungen
Himbeere: Halsschmerzen, Durchfall, Hämorrhoiden, Zahnfleischbluten, Verstopfung, Rheuma, Magenbeschwerden, überfälligen Wehen, Augenleiden und Ekzeme
Johannisbeere: Blässe, Anämie, Halsschmerzen, Schmerzen, Rheuma, starke Menstruationsblutungen, Fieber, Warzen und Gicht
Kornelkirsche: Sprue, Zöliakie
Kratzbeere: Durchfall, Blasenentzündung, Sodbrennen
Maulbeere: Eisenmangel, Mundhöhlenentzündung
Moltebeere: Vitaminmangel
Preiselbeere: Blasen- und Nierenentzündung
Sanddornbeere: Entzündungen, Erkältungen, Fieber, Hautkrankheiten, und Verbrennungen
Schisandrabeere: Libidostärkung, Husten, Asthma, Diabetes, Durchfall, blutreinigend
Schlehe: Verstopfung, Appetitlosigkeit, blutreinigend, Menstruationsbeschwerden, Hautprobleme
Stachelbeere: für festes Haar und Bindegewebe, entgiftend, reinigend und entwässernd
Weintraube: blutreinigend, bei Erkältungen, Übelkeit und Erbrechen

Käse räuchern

Käse fein geräuchert ist eine besondere Delikatesse, nach dem Räuchern kann man ihn gleich warm verzehren oder noch in Folie gewickelt kühl 1–2 Stunden bis Tage ruhen lassen, bis er seine volle Kraft entfaltet hat.

FETA IM RAUCH

Universalrezept

4 Portionen Feta (oder auch z.B. Emmentaler, Brie, Romadour, Camembert, Gouda ...)
Beize: je 1 EL Olivenöl und Sojasauce, 1 Knoblauch zerdrückt, 1 TL Salz, je ½ TL Chilipulver und Paprika edelsüß, je 1 Msp. Schabzigerklee und Ingwer gemahlen

- Beize mischen, Käse damit einreiben, ½ Stunde ruhen lassen
- Warm räuchern

HARZER GERÄUCHERT

Gut und lang bewährt

4 Harzer Roller
Beize: je 1 EL Salz und Olivenöl, 4 Knoblauchzehen zerdrückt, je 1 TL Pfefferschrot Paprika edelsüß und rosenscharf, je 2 Piment- und Wacholderkörner zerdrückt

- Beize mischen, Käse mit der Beize einschmieren, in Alufolie einwickeln, über Nacht kalt stellen
- Folie halb öffnen, warm räuchern

MOZZARELLABOLLEN

Schmeckt nach Italien

4 Mozzarella in Scheiben
Beize: je 1 EL Olivenöl und 1 EL Pizzagewürz, je ½ TL Salz und Pfefferschrot

- Beize mischen, Käse mit der Beize einreiben, eventuell abdecken, 1–2 Stunden ziehen lassen
- Warm räuchern

MOZZARELLA

Daraus wird Scamorza affumicata

4 Mozzarella in Scheiben
Beize: je 1 EL Olivenöl und ½ TL Salz, 1 Knoblauchzehe zerdrückt

- Knoblauch Öl und Salz mischen, Käse damit einreiben, in Alufolie wickeln, 1–2 Stunden ziehen lassen
- Folie entfernen, kalt räuchern

ZIEGENKÄSE IM OBSTRAUCH

Für feines Aroma

4 Portionen Ziegenkäse
Beize: je 1 EL Olivenöl, 1 EL Sherry, je ½ TL Salz und Pfefferschrot, 1 Knoblauchzehe zerdrückt, je 2 EL Birne und Feige gerieben

- Beize mischen, Käse mit der Beize einschmieren, in Alufolie einwickeln, über Nacht kalt stellen
- Folie halb öffnen, warm räuchern

FEURIGER SCHAFSKÄSE AUS DEM RAUCH

Scharf und exotisch

4 Scheiben Schafskäse
2 Bananenblätter
Beize: 2 EL Olivenöl, je 4 EL rote Zwiebel- und Chiliwürfel, 1 EL Curry, Oregano, je 1 TL Pfefferschrot und Honig ½ TL gestoßener Pfeffer

- Beize mischen, Käse damit einreiben, Käse auf gefettete Bananenblätter setzen und damit einwickeln
- Heiß räuchern

Rauchkäse für kulinarische Momente.

LIMBURGER

Mit Kümmelgeschmack

4 Limburger
Beize: 1 TL Salz, 1 Knoblauchzehe zerdrückt, je ½ TL Pfeffer, Paprika rosenscharf und edelsüß, Kümmel, je 1 EL Öl, Oregano, Zwiebelwürfel und Petersilie

- Beize mischen, Käse damit einreiben, Käse auf gefettete Alufolie setzen, eventuell abdecken
- Warm räuchern

RAUCH-RACLETTEKÄSE

Raclette vom feinsten

4 Scheiben Raclettekäse
pro Scheibe: je 1 EL Apfel gerieben und Pinienkerne
Beize: je 1 EL Olivenöl und Kirschwasser, je ½ TL Salz, Paprika edelsüß und rosenscharf und Pfefferschrot, 1 Knoblauchzehe zerdrückt, 1 Msp. schwarzer Pfeffer

- Beize mischen, Käse mit der Beize einschmieren, in Alufolie einwickeln, über Nacht kalt stellen
- Folie entfernen, warm räuchern
- Apfel und Pinienkerne auf dem Käse verteilen, weitere 5 min warm räuchern

Samen und Nüsse räuchern

Knabberkram mit Nüssen, Maronen oder Obst – für mal eben so zwischendurch, für Gäste oder über dem Salat. Das sind zugleich auch richtig schnelle Energiespender und gute, wertvolle Vitamin- und Ballaststofflieferanten. Oder einfach nur für nostalgische Momente: Erinnern Sie sich an die amerikanischen Winter-Weihnachtsfilme – immer werden darin heiße Maronen verkauft! Schmecken besonders lecker auch mit einem Apfel, Johannisbeerkonfitüre oder Orangen und Gewürzen wie Zimt, Vanille oder Nelken.

HEISSE MARONEN

Der Winterklassiker

2 Handvoll vorgegarte Maronen

- Früchte kreuzweise einritzen, auf einen Rost legen
- Heiß räuchern

HONIGMARONEN

Fein zu Wein und Brot

2 Handvoll vorgegarte Maronen
1 EL Honig
je 1 TL Butter und Portwein

- Früchte kreuzweise einritzen, auf einen Rost legen
- Mit den Zutaten mischen und auf Alufolie legen
- Heiß räuchern

ORIENT-MANDELN

Exotisch süße Knabberei

2 Handvoll geschälte Mandeln
je 1 EL Honig und Sesamsaat
je 1 Msp. Kreuzkümmel, Curry, Piement und Cayennepfeffer

1 EL Erdnussöl

- Alles vermischen und auf Alufolie auslegen
- Warm räuchern

MARONEN 1X1

- Die Schalen müssen frisch glänzen und unbeschädigt sein.
- Achten Sie auf kleine Löcher – Hinweis auf Wurmbefall.
- Sehr leichte Maronen sind möglicherweise kernlos.
- Maronen stets vor Verarbeitung kurz in kaltes Wasser legen: oben schwimmende gehören in den Müll.
- Kühle Lagerung und baldige Verarbeitung verhindern Aromaverlust.

SALZNÜSSE

Für Puristen

2 Handvoll Nüsse
je 1 TL Meersalz und Olivenöl

- Alles vermischen
- In der Pfanne rösten und auf Alufolie auslegen
- Warm räuchern

KRÄUTER-NÜSSE SÜSS ODER SALZIG

Knabbern vom Feinsten

2 Handvoll Nüsse gemischt
je 1 TL gemischte gerebelte Kräuter (z.B. Rosmarin, Oregano, Basilikum, Majoran oder Thymian)
1 TL Salz (wer es lieber süß mag: Honig – oder beides)
je 1 Msp. Cayennepfeffer, brauner Zucker, Senfpulver
1 EL Olivenöl

- Alles vermischen
- In der Pfanne rösten und auf Alufolie auslegen
- Warm räuchern

WASABI-PISTAZIEN

Für Liebhaber von Schärfe

2 Handvoll Nüsse
je ½ TL Zitronenschale, Wasabipulver und Salz
je 1 Msp. Ku Min, Pfeffer, Kardamon, Ingwerpulver und Paprikapulver edelsüß
1 EL Ahornsirup

- Alles vermischen
- In der Pfanne rösten und auf Alufolie auslegen
- Warm räuchern

MALZ-KERNE

Snack mit feinem Malzgeschmack

2 Handvoll Samenmischung (Kürbiskerne, Sonnenblumenkerne, Gerstenkörner o.Ä.)
1–2 EL Malzextrakt
je 1 TL feines Salz und Orangenöl

- Alles vermischen
- In der Pfanne rösten und auf Alufolie auslegen
- Warm räuchern
- Auskühlen lassen, eventuell zu große, zusammenklebende Teile in mundstückgroße Happen zerbrechen

NERVEN-FUTTER

Nervennahrung aus dem Rauch nicht nur für Studenten

je 2 EL Rosinen, grobe gehackte Mandeln und Haselnüsse, getrocknete und fein geschnittene Aprikosen und Äpfel
1 TL feines Salz
1 TL Rosmarinnadeln
je 1 TL Chiliflocken, brauner Zucker und Paprikapulver edelsüß
1 EL Sesamöl

- Alles vermischen
- In der Pfanne rösten und auf Alufolie auslegen
- Warm räuchern

FÜR SÜSSE

Statt Salz Honig nehmen – schon ist der Snack süß.

Nüsse – feiner Knabberspaß aus dem Rauch.

Brot backen im Rauch

Im Gasräucherofen oder in mit Elektrik betrieben Modellen klappt das ganz einfach: Teig rein, komplett backen, fertig. Doch nicht jeder hat so ein Multifunktionsteil zu Hause stehen. Und es geht auch so: Teig rühren, kleine Stücke davon auf gefettete Alufolie setzen und 20–30 min warm oder heiß räuchern, falls der Teig innen noch roh ist, einfach auf der Folie im Ofen fertig backen!

WÜRZFLADEN

Mit gesunden Samen und Kräutern

200 g Weizenmehl
200 g Roggenvollkornmehl
250 ml Wasser
50 g Wasser
2 Msp. Trockenhefe
1 TL Salz
1 rote Zwiebel gehackt und gedünstet
je 1 EL Haferschrot, Weizenschrot und Vanillezucker
je 1 TL Kümmel, Fenchel, Koriander, Bockshornklee und Pfefferschrot

- Hefeteig anrühren und 12 Stunden abgedeckt gehen lassen
- Teig nochmals kräftig durchkneten, in kleine runden Fladen auf eine gefettete Alufolie setzen, abdecken
- Heiß räuchern

2 X STOCKBROTTEIG KLASSISCH

Für schöne Abende am Lagerfeuer

Teig 1 – ohne Ei: 400 g Mehl
300 ml warmes Wasser
je 1 TL Trockenhefe und Zucker
1 Msp. Salz
2 EL Olivenöl

Teig 2 – mit Ei: 500 g Mehl
250 ml Milch
80 ml Öl
40 g Hefe
80 g Zucker
1 Prise Salz
1 Ei

- Teig mit allen Zutaten (Öl, Milch, Ei sollten lauwarm sein) anrühren, gut durchkneten, 1 Stunde gehen lassen
- Kleine Teigportionen von allen Seiten mit Mehl bestäuben und um das Ende eines Holzstockes wickeln
- Mit mindestens 20 cm Abstand über offenem Feuer backen und gleichzeitig räuchern

STOCKBROT-VARIATIONEN

Ergänzen Sie einfach den Teig mit feinen Leckereien:
Malz-Stockbrot: 4 EL Gerstenmalz und 2 EL Leinsamen
Apfel-Nuss-Stockbrot: je 4 EL Walnusssplitter und Apfel gerieben
Thymian-Stockbrot: 1 EL Thymian und Sesam, je 1 TL Oregano und Majoran
Zwiebel-Stockbrot: 4 EL in 1 TL Öl gedünstete Zwiebelwürfel, 1 Knoblauchzehe zerdrückt
Haferflocken-Honig-Stockbrot: 4 EL Haferflocken, 1 EL Honig
Bananen-Stockbrot: 2 EL pürierte Banane, 1 TL Vanillezucker
Pizza-Stockbrot: je 2 EL getrocknete Tomatenstückchen und Parmesanwürfelchen, 1 TL Oregano

DER RICHTIGE STOCK

Am besten eignet sich Hasel als Stock: An einem Ende Rinde abschälen und mit einem Taschenmesser den geschälten Teil spitz zuschnitzen.

Stockbrot geht immer!

IM RAUCH BACKEN?

- Früher buk man häufig in großen Öfen oder dem Kamin im Heißrauch. Falls Sie es austesten wollen: Dafür eignen sich Pizzen, Brot, Brötchen und Kartoffeln. Aber Achtung, die Temperaturen sind meist recht hoch, eine Pizza kann nach 8 min schon fertig sein, ein Brot (vorweg gut gehen lassen) benötigt etwa eine halbe Stunde.
- Viele moderne Räucheröfen haben exakte Temperaturregler und in einer Kombination mit Hitze und Rauch können Sie darin selbst (im Tontopf oder auf einer Schamottesteinplatte) große Brotlaibe backen. Da kann kaum etwas schief gehen! Ansonsten hilft der gute Backofen einfach nach.

CELLER DUNKLES

Bierbrötchen

350 g Roggenvollkornmehl
50 g Weizenmalzmehl
200 g Wasser
100 g dunkles Bier
2 Msp. Hefe
je 1 TL Salz, Honig, Kümmel, Fenchel und Koriander

- Hefeteig anrühren und abgedeckt 12 Stunden gehen lassen
- Teig nochmals kräftig durchkneten, kleine Brötchen auf eine gefettete Alufolie setzen, abdecken
- Heiß räuchern

KRÄUTERSCHEIBEN

Mit frischem Kräutertee gebacken

250 g Weizenmehl
150 g Roggenvollkornmehl
4 EL Weizenschrot
50 g Sahne
100 g Kräutertee warm
150 g Wasser
4 EL grüne Kräuter
je 1 EL Majoran gerebelt und Honig
1–2 TL Salz
1 TL Trockenhefe

- Hefeteig anrühren und 2–4 Stunden abgedeckt gehen lassen
- Teig nochmals kräftig durchkneten, kleine Scheiben formen, auf eine gefettete Alufolie setzen, abdecken
- Heiß räuchern

Selbstgemachtes zum Verschenken

Ob als praktisches Mitbringsel wie Räucherkerzchen und einfache Holzanzünder als Überraschung – beispielsweise im Adventskalender – zum Thema Räuchern können Sie vielen eine kleine Freude machen.

Mit Hölzern, Kräutern, Gewürzen und Blüten (z.B. Zimt, Salbei, Minze, Sandelholz, Wacholderbeeren, Beifuß, Thymian, Sternanis, Nelken, Wacholder, Sandelholz), Harz (z.B. Fichte, Drachenblut, Styrax, Benzoe Siam oder Weihrauch) und ätherischen Ölen können Sie feine Räucherwaren selbst mischen und sich dabei sogar als Bastelprofi outen.

Viele schwören auf eine Beimischung von Salpeter (erst nach dem Zerstoßen und Zermahlen dazugeben), damit beispielsweise Kegelchen ganz selbstständig abbrennen, andere nehmen dazu Honig, Zucker und Salz. Die richtige Mischung dafür gelingt jedoch nur mit Fingerspitzengefühl. Meist brennt und zischt und qualmt es gern dabei dann auch mal ordentlich, besonders mit Salpeterbeimischung, wenn das Pulver nicht besonders sorgfältig eingearbeitet ist. Am effektivsten ist es tatsächlich, und dann kann man sich das Salpeter sparen, das Abbrennen auf schnell brennenden Kohlestückchen – sobald sie gräulich werden, kann's schon losgehen.

DIY-RÄUCHERKERZEN
Um Räucherstäbchen herzustellen, wird die Masse nicht geformt wie Kerzen oder Kegel, sondern um dünne Holzstäbchen, z.B. Bambus, geschmiert und dann erst getrocknet.

Räucherkegel – ein Bastelspaß für die ganze Familie.

EINFACHE MISCHUNG
Grundrezept

je 1 TL Tragant (Bindemittel) und Honig
3 TL Mischung aus zerstoßenen und zermahlenen Hölzern, Kräuter, Blüten o.Ä.

- Tragant in etwas Wasser auflösen und 1 Stunde quellen lassen
- Alles mischen, antrocknen lassen, formen
- Auf Backpapier je nach Temperatur einige Tage bis 2 Wochen gut durchtrocknen lassen

STRESS-WEG-MISCHUNG
Hilft auch bei Kopfschmerzen

je ½ TL Drachenblut (Harz) zermahlen, Honig und Salz
je 1 TL Holzkohle zermahlen und Stärke (oder Tragantpulver, das muss nicht aufgekocht werden)
insgesamt 2 TL getrocknet und zermahlen: Salbei, Melisse, Wacholderbeeren, Muskatblüten, Lavendelblüten und Rosmarin
2 TL Minze
je 10 Tr. ätherisches Öl Bergamotte und Minze
5 Tr. ätherisches Öl Melisse
½ Tasse Leitungswasser

optional: 10 % der Gesamtmischung Salpeter

- Stärke oder Tragant in Wasser auflösen, eventuell aufkochen
- Alles mischen, antrocknen lassen, formen
- Auf Backpapier je nach Temperatur einige Tage bis 2 Wochen gut durchtrocknen lassen

KRÄUTER-RÄUCHER-STICK (SMUDGE)
Für den Vorrat

1 Bündel mit beliebigen Kräutern und Blumen, z.B. Thymian, Zitronen-Verbene, Rosmarin, Majoran, Lavendel und Salbei
Schnur

- Zutaten zu mehreren ca. 5 cm kurzen Teilbünden zurechtschneiden und locker mit Schnur umwickeln
- Wenn sie fast ganz trocken sind (Dachboden, Sonne, unters Bett schieben) noch mal fester mit Schnur umwickeln, trocken aufhängen

ADVENT-RÄUCHERKEGEL
Mit Weihnachtsfeeling

je ½ TL Fichtenharz zermahlen, Honig und Salz
je 1 TL Holzkohle zermahlen und Stärke (oder Tragantpulver, das muss nicht aufgekocht werden)
insgesamt 4 TL getrocknet und zermahlen: Tannennadeln, Zimt, Anis, Kardamon, Muskatblüte, Nelke und Apfel- und Orangenschale
6 Tr. ätherisches Öl Bergamotte
½ Tasse Orangenblütenwasser (oder Leitungswasser)

optional: 10 % der Gesamtmischung Salpeter

- Stärke oder Tragant in Wasser auflösen, eventuell aufkochen
- Alles mischen, antrocknen lassen, formen
- Auf Backpapier je nach Temperatur einige Tage bis 2 Wochen gut durchtrocknen lassen

Holzanzünder aus Wachs und Einstreu: kinderleicht zu machen.

DIE RICHTIGE MISCHUNG
Ganz einfach ist es nicht, die richtige Mischung zu kreieren. Wichtig ist:

- Es sollte ein größerer Anteil an Holzkohle beigemischt werden.
- Die Harzmenge sollte eher weniger als mehr sein.
- Stärke/Wassermischung muss einmal aufgekocht werden.
- Als Bindemittel gehen auch Tragant, Gummi arabicum oder Makko (müssen nicht aufgekocht werden).
- Der Anteil an ätherischen Ölen darf gerne mehr oder weniger sein – ganz nach Gusto.
- Die Zugabe von Salpeter, in etwas Wasser gelöst, fördert gutes Brennverhalten.

HOLZANZÜNDER

Kinderleicht zu machen

100 g Sägespäne aller Art
400 g Kerzenreste

- Kerzenreste in einem Topf schmelzen, Sägespäne unterheben
- Blech mit Backpapier auslegen, Masse darauf ca. 2 cm dick aufstreichen, fest werden lassen
- Wachsplatte in kleinere Teile brechen und trocken aufbewahren

HARMONIE-MISCHUNG

Für gutes Klima

je ½ EL Gummi Arabicum (Pulver) und Benzoe Siam
je ½ TL Salz und Honig
1 EL Holzkohle zermahlen
insgesamt 4 TL getrocknet und zermahlen: Sandelholz, Koriander, Lavendel, Lorbeer, Rose und Zitronengras
etwas Wasser
insg. 6 Tr. ätherisches Öl z.B. von Orange und Lavendel

- Gummi Arabicum mit Wasser zu einem festen Brei verrühren
- Alles mischen, antrocknen lassen, formen
- Auf Backpapier je nach Temperatur einige Tage bis 2 Wochen gut durchtrocknen lassen

LIEBESMISCHUNG

Für feinen Duft

je ½ TL Burgunderharz zermahlen, Vanillezucker und Salz
je 1 TL Holzkohle zermahlen und Stärke (oder Tragantpulver, das muss nicht aufgekocht werden)
insgesamt 4 TL getrocknet und zermahlen: Lavendel, Rose, Beifuß, Piment, Kardamon, Ysop und Kreuzkümmel
je 4 Tr. ätherisches Öl Vanille und Rose
½ Tasse Rosenblütenwasser (oder Leitungswasser)
optional: 10 % der Gesamtmischung Salpeter

- Stärke oder Tragant in Wasser auflösen, eventuell aufkochen
- Alles mischen, antrocknen lassen, formen
- Auf Backpapier je nach Temperatur einige Tage bis 2 Wochen gut durchtrocknen lassen

GESUNDE LUFT-RÄUCHERKEGEL

Zur Desinfektion von Krankenzimmern

je ½ TL Benzoe Siam zermahlen, Honig und Salz
je 1 TL Holzkohle zermahlen und Stärke (oder Tragantpulver, muss nicht aufgekocht werden)
insgesamt 4 TL getrocknete und zermahlene Blüten, Kräuter und Gewürze z.B. Zeder, Rose, Ysop, Majoran, Süßgras, Johanniskraut, Myrrhe und Kamille, Anis, Kardamon, Muskatblüte, Nelke und Apfel- und Orangenschale
je 4 Tr. ätherisches Öl Fenchel und Orange
½ Tasse Orangenblütenwasser (oder Leitungswasser)
optional: 10 % der Gesamtmischung Salpeter

- Stärke oder Tragant in Wasser auflösen, eventuell aufkochen, Salpeter in etwas Wasser auflösen
- Alles mischen, antrocknen lassen, formen
- Auf Backpapier je nach Temperatur einige Tage bis 2 Wochen gut durchtrocknen lassen

ANTI-MÜCKEN-RÄUCHERKERZCHEN

Für stichfreie Sommerabende

je ½ TL Weihrauchharz zermahlen, Honig und Salz
je 1 TL Holzkohle zermahlen und Stärke (oder Tragantpulver, muss nicht aufgekocht werden)
insgesamt 4 TL getrocknet und zermahlen: Lavendel, Rosmarin, Heidelbeeren, Rose, Nelke, Zitronenschale und Fenchel
je 4 Tr. ätherisches Öl Lavendel und Rose
½ Tasse Rosenblütenwasser (oder Leitungswasser)
optional: 10 % der Gesamtmischung Salpeter

- Stärke oder Tragant in Wasser auflösen, eventuell aufkochen
- Alles mischen, antrocknen lassen, formen
- Auf Backpapier je nach Temperatur einige Tage bis 2 Wochen gut durchtrocknen lassen

WESPEN-WEG-MISCHUNG

Für ungestörte Genüsse im Garten

je ½ TL Burgunderharz zermahlen, Honig und Salz
je 1 TL Holzkohle zermahlen und Stärke (oder Tragantpulver, muss nicht aufgekocht werden)
insgesamt 2 TL getrocknet und zermahlen: Lavendel, Rosmarin, Heidelbeeren, Rose, Nelke, Zitronenschale und Fenchel
2 EL Kaffeebohnen gemahlen
½ Tasse stark gebrühter Kaffee
optional: 10 % der Gesamtmischung Salpeter

- Stärke oder Tragant in Kaffee auflösen, eventuell kochen
- Alles mischen, antrocknen lassen, formen
- Auf Backpapier je nach Temperatur einige Tage bis 2 Wochen gut durchtrocknen lassen

EASY-WESPEN-ADE

Wenn's schnell gehen muss und der Vorrat leer ist: 1 TL Kaffeepulver auf durchgeglühte Kohle legen – stinkt schön, ist aber sehr effektiv.

SERVICE

Zum Weiterlesen

Bellersen Quirini, Cosima: Am besten hausgemacht. Ulmer, 2014

Bellersen Quirini, Cosima: Einfach Wurst! Pfiffige Rezepte für die eigene Küche. Ulmer, 2012

Binder, Egon: Räuchern, Fleisch, Wurst, Fisch. Ulmer, 2011

Binder, Egon: Fische selbst räuchern. Ulmer, 2010

Bothe, Carsten: Auf offenem Feuer Grillen, Braten, Kochen. Leopold Stocker, 2011

Franzén, Kristofer: Alles Wurst! Die besten Sorten – selbst gemacht. blv, 2012

Fritz, Andreas: Räuchern. GU, 2013

Fuchs, Christine: Räuchern mit heimischen Pflanzen, sammeln, mischen, anwenden. Kosmos, 2011

Gahm, Bernhard: Fleisch pökeln und räuchern. Ulmer, 2016

Gates, Stefan: Der Gastronaut. Gerstenberg, 2006

Hoff, Ray Francis: Fische räuchern. blv, 2006

Innes, Jocasta: Vom Kochen auf dem Lande. Heyne, 1983

Kinkele, Thomas: Räucherstoffe und Räucherrituale. Windpferd, 2003

Menta, Angelo: Rauchzeichen – Das Spiel mit dem Feuer: grillen, kochen, räuchern. Becker Joest Volk, 2014

Purviance, Jamie: Weber's Räuchern. Einfach und unkompliziert mit Grill und Räucherofen. GU, 2012

Seymour, John: Vorräte anlegen, Handwerklich arbeiten, Selbstversorgung auf dem Lande und aus dem Garten. Heyne, 1981

Velten, Heidi, Walter, Bruno: Kleine Nasen – große Düfte. Urania, 2003

Bezugsquellen

Räuchergut
Inh. Markus Hendel
www.raeuchergut.de

Jaeger-Versand
Irmtraud Jaeger
www.raeucherversand.de

Wolfgang Oberacker
Natur & Technik
www.oberacker.de

Räucherteufel
www.raeucherteufel.de

Gerda und Regina Rosenberger
Hausmacher-Shop
www.hausmacher-shop.de

Smoki-Räuchertechnik GbR
www.smoki-raeuchertechnik.de

Noch nicht das richtige dabei? Im Internet finden Sie zahlreiche weitere Anbieter zu allen Bereichen rund ums Räuchern.

Rezepte und mehr schnell finden

Bildquellen

Alle Fotos und das Titelfoto stammen von Ulrich Loeper, Celle, mit Ausnahme der folgenden:
Africa Studio/Shutterstock.com Klappe vorne, innen, links; Angel Simon/Shutterstock.com 24; Egor Tetiushe/Shutterstock.com 19; Hecker, Frank 22; marysckin/Shutterstock.com Klappe vorne, außen; mauritius images/foodcollection 5, 34, 46, 59, 68; mauritius images/Gunter Kirsch / Alamy 6; mauritius images/imageBROKER/ren 37; mauritius images/Mieneke Andeweg-van Rijn/Alamy 55; mauritius images/Ulrich Kerth 26; Presse Citron-Barret/Photocuisine 44; roundstripe/Shutterstock.com 88; Sabinnie/photocase.de 13; Schmidt-Röger, Heike 62; StockFood/Fotos mit Geschmack 102; StockFood/Gräfe & Unzer Verlag/Knezevic, Silvio 27

Zur Autorin

Cosima Bellersen Quirini ist in Freiburg/Breisgau geboren, nahe des Bodensees aufgewachsen und wohnt seit 1987 in Celle bei Hannover. Sie ist Autorin von Sachbüchern und belletristischen Bänden, ihre Themen: alles rund ums Selbermachen, Regionalia, Liebe, Medizin u v.m. Die ausgebildete Buchhändlerin, Mediatorin und Gästeführerin ist zudem Dozentin für allerlei Kurse rund ums Selbermachen von A wie Aprikosenölseife bis Z wie Ziegenkäse.

Impressum

Bibliografische Information der Deutschen Nationalbibliothek
Die Deutsche Nationalbibliothek verzeichnet diese Publikation in der Deutschen Nationalbibliografie; detaillierte bibliografische Daten sind im Internet über http://dnb.d-nb.de abrufbar.

Wollgrasweg 41, 70599 Stuttgart (Hohenheim)
E-Mail: info@ulmer-verlag.de
Internet: www.ulmer.de
Lektorat: Gabi Franz, Antje Munk
Herstellung: Gabriele Wieczorek
Umschlagentwurf: Verlag Eugen Ulmer
Satz: Susanne Junker, red.sign, Stuttgart
Reproduktionen: timeRay Visualisierungen, Herrenberg
Druck und Bindung: Westermann Druck, Zwickau
Printed in Germany

ISBN 978-3-8001-0349-2